化学来了 ①

学科阅读推广工程

姜言霞 主编

顾　　问：卢　巍
编　　者：卢姗姗　李晓林　夏　娇
　　　　　孔繁静　张　宁　吴艳艳
　　　　　赵瑞玲　何甜甜　李美兰

山东城市出版传媒集团·济南出版社

图书在版编目（CIP）数据

化学来了.1／姜言霞主编. —济南：济南出版社，2018.1
 ISBN 978-7-5488-2972-0

Ⅰ.①化… Ⅱ.①姜… Ⅲ.①中学化学课—初中—教学参考资料 Ⅳ.①G634.83

中国版本图书馆 CIP 数据核字（2018）第 004763 号

出版人	崔　刚
项目策划	周家亮
责任编辑	胡长娟
封面设计	胡大伟
出版发行	济南出版社
地　　址	山东省济南市二环南路 1 号（250002）
发行热线	0531-86922073（省内）　0531-67817923（省外）
印　　刷	肥城新华印刷有限公司
版　　次	2018 年 1 月第 1 版
印　　次	2018 年 4 月第 1 次印刷
成品尺寸	170 mm×240 mm　16 开
印　　张	6.5
字　　数	97 千字
定　　价	28.00 元

（济南版图书，如有印装错误，请与出版社联系调换。联系电话:0531-86131736）

联结化学课堂　走进化学世界

（代序）

化学是最古老的科学之一，在改善人类生活方面，它也是最有成效的科学之一；化学是一门中心的、实用的和创造性的科学，在人类多姿多彩的生活中，化学可以说是无处不在的；只要我们生活在物质世界之中，化学的中心科学的地位将是无法撼动的。

如何全方位地走进化学世界，领略这门学科的独特魅力？在化学课堂上认真学习是必要的，但广泛的阅读更是绝佳的不二法宝！基于此，我们编写了《化学来了》这套化学课外读物。我们在充分研读《义务教育化学课程标准》和各版本教科书的基础上，精选化学学习的重要主题，参阅了大量文献资料并进行了整理，以期帮助学生对这些主题知识的发展历史、现状以及生活延伸空间进行视野拓展、思维启迪、能力提升，或者从某个特定的视角形成自己的认识，进而加深对所学化学课程内容的理解，提升化学课程内容的学习效果，建构属于自己的知识和能力意义。

这套书各主题单元中的阅读材料既是化学课堂学习内容的深化，更是广泛而全面的拓展。其中，既涉及重要的化学史实，也包括关键的现代化学研究成果，同时尽量将化学学科知识与社会生活建立有机联系，能够有效地引导阅读者探索物质变化规律、形成化学基本观念、体验科学探究过程、启迪科技创新思维，从而全面提升化学学科素养。

我们相信，通过阅读，你会对化学这门古老而又神秘的科学有更全面而深入的了解；我们相信，通过阅读，你会被五彩斑斓的化学世界深深吸引；我们相信，通过阅读，你会不知不觉地走进化学世界，甚至愿意成为一名献身化学科学研究的化学人！

目 录

一　化学等你来 …………………………… 001

二　看不见的世界 ………………………… 010

三　真相在哪里？ ………………………… 019

四　空气不空 ……………………………… 027

五　绿色呼吸 ……………………………… 036

六　探秘水世界 …………………………… 044

七　从死亡之神到生命之源的蜕变 ……… 051

八　性格迥异的碳氏三兄弟 ……………… 059

九　尼斯湖惨案之谜 ……………………… 066

十　千姿百态的金属 ……………………… 074

十一　神奇的古剑之谜 …………………… 085

十二　花儿为什么这样红？ ……………… 091

一 化学等你来

美国哥伦比亚大学教授R.布里斯罗尝试对化学进行了如下描述：化学是一门试图了解物质的性质和物质发生反应的科学。它涉及存在于自然界的物质——地球上的矿物，空气中的气体，海洋里的水和盐，在动物身上找到的化学物质——以及由人类创造的新物质。它涉及自然界的变化——因闪电而着火的树木，与生命有关的化学变化——还有那些由化学家发明和创造的新变化。

化学家也有自己的工作范畴：其一，化学家致力于研究自然界并试图了解它，比如，我们呼吸的空气是单一组分的还是由多种物质构成的？氧气能够供给呼吸，它还有什么性质？酸和碱都有哪些性质？怎样区分酸和碱？不同的金属有什么共同的性质？有什么不同的性质？……

其二，化学家在创造自然界不存在的新物质，以满足人类生产生活的不断需要，比如，合成抗生素应对细菌对人类的侵害，冶炼金属、合成各类性能优越的材料应用于生活的各个方面等。

化学的历史很长。事实上，人类的化学活动可追溯到有历史记载以前的时期。

图1

化学探秘

神秘的火种

一粒从天而降的火种开启了整个人类文明的新纪元，人与火之间一次次偶然的接触，让人类产生了利用火制造新物质的强烈愿望。这一愿望在远古时期推动了社会的发展，孕育了化学的诞生。

人对火的第一次体验，是看到熊熊大火将一片郁郁葱葱的草木烧成了黑黑的灰烬，这些草木灰实际上是活性炭，是人类最早接触到的新物质。慢慢地，人们认识到：火可以带来烤熟的香喷喷

图 2　火

图 3　新石器时代的猪纹黑陶钵

的食物；火在寒冷的黑暗中，可以照亮周围的世界并散发出温暖，就像白天太阳赐予大地的光芒和热量。于是，古代人认为火是神赐予他们的圣物，火可以改变物质，也可以创造新物质。

他们最初尝试着将黏土和干草混合起来用火烧制陶器，方法是：在地面上铺放适当的干草，放置晒干的或者烘干的陶坯（用黏土制成的最初形状的陶器），然后用干草包围四周及顶部，外面再涂上一层泥浆。将地面上的草点燃，自然升温，经过 2～8 个小时就能烧成比较坚固的陶器。这些陶器一般用作盛装食物和水的容器。由于陶坯直接暴露在空气中，在低温烧制（800 ℃ 以下）的情况下，陶坯中含有的少量铁元素容易被氧化成红色的氧化铁，使得陶器的颜色呈现红色或者褐色。另外，有的陶器和草木灰直接接触，由于活性炭是黑色的，陶器的颜色有时是灰色的或者黑色的，称为灰陶或黑陶（图 3）。

有了更多的利用火的经验后，人类开始有意识地将物质放在一起用火烧，看看会出现些什么。将孔雀石用火烧便得到了铜。孔雀石是一种铜矿石，含铜量达 10%～20% 甚至更高，主要成分是碱式碳酸铜 $[Cu_2(OH)_2CO_3]$。只要将孔雀石同木炭放在炼炉中进行冶炼，加热到 1 000 ℃ 以上，就可以炼出铜来。涉及的化学反应有：

$$Cu_2(OH)_2CO_3 = 2CuO + CO_2\uparrow + H_2O;$$
$$CuO + C = Cu + CO$$

当铜（Cu）和锡（Sn）一起被加热时，就得到铜锡合金，铜锡合金由于呈现青灰色，被称为青铜。青铜比铜或锡都要硬，并且具有锋利的边缘，因此成为制造工具和武器的主要材料。

用青铜器做的盛具被称为"鼎"，主要用来盛放食物、酒、水等，后来慢慢演变成国家、权利和身份的象征，具有显赫、尊贵的意思，周天子曾造九鼎来显示他的至高无上。青铜器是奴隶主贵族用于祭祀、宴飨、朝聘及丧葬等礼仪活动的礼器，用以代表使用者的身份等级和权力。司母戊大方鼎（图4）是迄今世界上出土的最大、最重的青铜礼器，据考古验证是商王祖庚或祖甲为祭祀其母戊所制的，目前收藏在中国国家博物馆，享有"镇国之宝"的美誉。司母戊大方鼎含铜84.77%、锡11.64%、铅2.69%，与古文献中记载的制鼎的铜、锡比例基本相符。

图4 司母戊大方鼎

炼丹术的意外收获

追求长生不老是古代帝王的梦想，帝王们想尽办法寻求灵丹妙药，让自己延年益寿，于是炼丹术应运而生了。

丹是指朱砂，主要成分是硫化汞，是炼丹最主要的矿物原料，因其呈红色，所以称为"丹"。朱砂与草木不同，不但烧而不烬，而且烧的时间越长，变化越奇妙。炼丹家将朱砂加热后分解出汞（Hg），汞与硫化合生成黑色的硫化汞，再经加热使其升华，又恢复为红色硫化汞的原状。炼丹家认为，草木烧完成了灰烬，而朱砂烧一段时间又变成了朱砂，因此，丹里面肯定含有一种物质，能够使物质不会发生变化。那么，这种物质是什么呢？

由于各种金属矿物都是从土中开采出来的，炼丹家根据五行相生相克的学说，认为"土生金"。炼丹家认为，矿石在土中随时间会发生变化，而金和玉都是不朽不腐的，于是他们希望可以从矿石中提炼出"金"的神秘物质，人吃了能够长生不老。其中，炼丹生成的汞呈液体状态，圆转流动，具有金属光泽而又不同于其他金属，并且易于挥发。古人感到非常神奇，认为汞就是能够让人长生不老的"金液"，于是尝试着将各种铜、铅矿石炼制成黄金。

古代的炼丹家一生致力于加热各种混合物，梦想把铅变成黄金，练出长生不老的仙丹妙药。他们虽然没有成功，但是却创造了不少有趣的新的化学方法和新的物质。

传说秦穆公的女婿萧史在宫中炼丹，曾经练出了"飞雪丹"（实际上炼出的是铅粉），给秦穆公的女儿擦在脸上，让她的脸瞬间变得白皙动人。

我国古代的炼丹家在长期炼制丹药的过程中，发现硝石（主要成分是硝

酸钾)、硫黄和木炭的混合物着火时,会发生剧烈的爆炸,主要发生如下化学反应:

$$2KNO_3 + S + 3C \xequal{} K_2S + N_2\uparrow + 3CO_2\uparrow$$

图5 黑火药

硝酸钾分解放出的氧气,使木炭和硫黄剧烈燃烧,瞬间产生大量的热和氮气、二氧化碳等气体,由于体积急剧膨胀、压力猛烈增大,于是发生了爆炸。由于爆炸时有 K_2S 固体产生,往往有很多浓烟冒出,因此得名"黑火药"。黑火药是我国古代四大发明之一。

炼丹的设备就是最早的化学仪器设备。丹炉内部的反应室也称丹鼎,有的像葫芦,有的像坩埚,有的用金属(金、银、铜)制作,有的用瓷制作。丹鼎悬于灶中,不着地。上面安置有一种银制的"水海",用以降温。除丹鼎之外,炼丹家还设置了专门抽汞的蒸馏器,使罐中生成的水银蒸气经过冷水冷却变成液体水银。从图6可以清楚地看出,下部是加热的炉,上部是盛丹砂等药物的密闭容器,旁边通一根管子,使容器里所生的水银蒸气可以流入旁边的冷凝罐里。这样的蒸馏设备,即使在今天看来也是相当完善的。

图6 炼丹炉

我国著名的化学史专家袁翰青先生认为:炼丹术是近代化学的先驱,它所用的

图7 袁翰青

实验器具和药物则成为化学发展初期所必需的物质准备。

> **相关链接**
>
> 袁翰青(1905-1994),出生于江苏通州,有机化学家、化学史家和化学教育家,1955年当选为中国科学院院士。长期从事有机化学研究、中国化学史研究以及科技情报研究的领导和组织工作,是中国科学史事业的开拓者。

从衣食住行看化学

化学为我们创造了一个时尚多彩的衣着时代。如果说纯棉透气吸汗、纯毛保暖御寒,

图8　轻便舒适的运动套装

那么耐磨挺括就需要开辟新的衣服材质了。以学校里学生每日穿着的校服为例,校服外层的成分是涤纶或锦纶,它们都属于化学纤维,是以空气、煤、石油等作为起始原料经过化学反应而生产出来的。校服外层吸水性比较差,但是耐磨性很强,能够保障学生在运动过程中不容易产生磨损。

而将羊毛、亚麻和棉花等天然纤维通过化学反应加以处理,并经过化学染色,可以得到色彩怡人的衣料;洗衣服用的是洗衣液和柔顺剂,它们是表面活性剂;鞋革是兽皮经化学处理后制成的,而合成的塑料材料正在取而代之;鞋子的橡胶底来自于橡胶树汁液制成的橡胶产品,但越来越多地采用了橡胶代用品,如合成的同类物——氯丁橡胶,它们更为耐用。

化学保障了人类的饮食需求。化学肥料为植物的生长提供了氮和其他化学元素。如果没有肥料,就不能为人类提供足够的食物。除草剂能使作物茂盛,而杀虫剂则能保护作物。另外,化学还保护了我们的水供应。不洁净的水能携带危险病菌,在世界上的不发达地区,由于未净化水而引起了常发性流行病。化学家已开发了利用氯或臭氧的水处理法,为人类的健康提供了重要保障。

图9　合成氨工厂

化学提升了我们的居住环境。在家中,你能够找到化学带给你的不一样的生活吗?例如,玻璃是化学家制造出来的,经改进后的产物(如耐热玻璃)变得更坚韧。油漆是化学家设计和创造的,很多现代化的固体材料也是如此。塑料是人工合成的,它们用于厨房和浴室用具上,也用在有关材料、饮料瓶、餐具和器皿上。瓷器是由化学家制造的,并用于厨房和浴室的洗涤池及其他固定装置上。冰箱和空调器用特种化学品作为冷却剂;燃气炉和煤气灶可用合成气或天然气,其燃烧过程发生的仍是

图10 整洁舒适的家居环境

图12 格哈德·多马克

化学变化。

电动汽车是当前汽车发展的重要趋势。电动汽车的动力主要由一大块蓄电池提供,其充放电的过程都在发生着化学变化,其基本原理是化学原电池。

图11 电动汽车

化学不仅加快了我们出行的速度,而且提高了我们出行的安全性。一辆机动车中的每件东西都是化学加工业的一种产品。将原始石油加以蒸馏就能得到燃油或润滑油,用的是化学方法。在车辆排气系统中装入催化转化器来降低污染,是现代化学的应用。

另外,化学也一直致力于为人类健康保驾护航。19世纪20年代,细菌感染常导致死亡。后来,化学家开始合成许多用于布料的染料,包括某些带有氨磺酰基官能团的化合物。德国科学家格哈德·多马克对多种新得到的化合物进行试验,观察其中是否有可以杀死细菌的化合物。1932年,他找到了一种叫作偶氮磺胺的红棕色染料,有效地治愈了受细菌致命感染的老鼠。随后,他用此药对一位因患细菌性血中毒已处于无望状态的孩子进行了试验,使她得以康复。多马克因此获得了1939年诺贝尔生理学或医药奖。在此启发下,化学家制备了许多含有氨磺酰基的新型药物。磺胺药物的发现,开创了今天的抗生素领域,大大降低了人类因感染细菌而导致死亡的概率。化学家继而创造了麻醉剂、消毒剂等,大大提升了医学治疗的效果和质量。

化学长廊

化学的应用

事实上,人类的每项活动都用到一些由化学提供或加工的物质,同时在许多活动中也包含着化学变化。化学在人类社会中的地位与日俱增。自从化学走上历史舞台的那一刻,人们就再也离不开化学。化学也逐渐与其他众多科学领域建立起密切联系,它对农业、电子学、生物学、药学、环境科学、计算机科学、工程学、地质学、物理学、冶金学,以及很多其他的领域,都有重大的贡献,被称为"21世纪的中心科学"。化学领域需要各位小科学家的倾情加盟,化学还有许多秘密等着各位去探索!

研制新药物

我们需要并将创造新的药物以便战胜像癌症、艾滋病(AIDS)、早老性痴呆症、心脏病与中风等疾病,以延长我们的生命或者提高我们的生活质量。青霉素(图13)在杀菌方面是非常有效的,但是有些细菌已经有了能破坏青霉素的酶。开发具有青霉素化学结构的变种的工作正在进行之中,它们将不能被细菌的酶所破坏;另一方面的工作是,寻找可以阻塞这类细菌酶的药物,使得青霉素仍可以起作用。

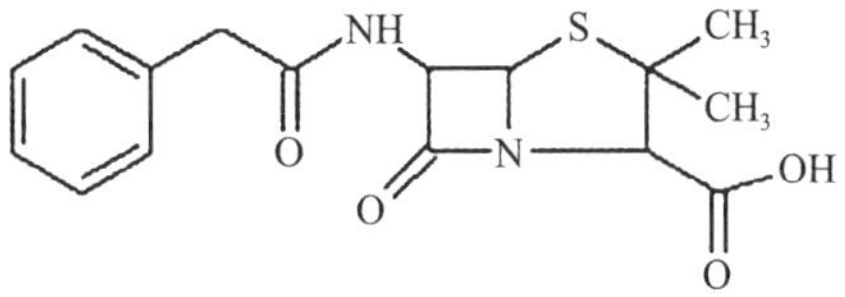

图13 青霉素

探索产能储能新方法

我们需要发明产生能量和储存能量的新方法。例如,研制能够储存氢气的安全实效的装置,使清洁、高效的氢能能够广泛应用于汽车、取暖、烹调等众多生活领域,这是现实生活中亟待解决的重要问题。蓄电池的使用非常方便,但是如何研制轻便高效、充电速度快的蓄电池,还有待于化学研究者的进一步探索。

研制改良材料

当今,复合材料已经被广泛应用,它们是多种材料的结合体,其中的各个成分相互配合。例如,石墨被用于制造现代的网球拍(图14)、高尔夫球棍和

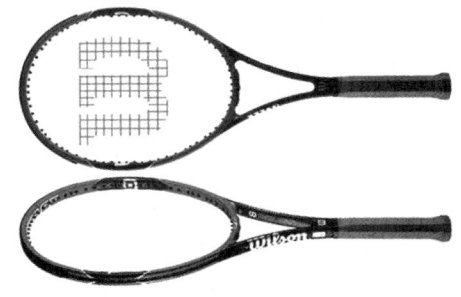

图14 添加石墨的网球拍

滑雪橇。近代的复合材料有很好的性能，但还不理想，比如不耐高温，有些还硬得不能进行机械加工，因此需要大大改进复合材料的性能和降低其成本。复合材料所取得的进步不是靠随意地实验来完成的，我们需要使用一些现代技术，详细地了解复合材料内部的分子结构，并知道如何进一步优化它们。

通常的导电体，如铜线，在某种程度上会限制电的流通，并将一部分电能转变为热能。人们已知有少数导体在非常低的温度下会变成超导体。超导体中是没有电阻的，因此，电能以最高的效率被传输。假如我们的动力线是用超导体制成的，就不会再浪费电能了。超导体在磁铁和电子部件中都有潜在的应用。事实上，有些科学上用的磁铁早已用目前的超导体制成。然而，它们成为超导体之前，必须被冷却到接近最低的温度——绝对零度（－273 ℃，－459 °F），这大大限制了其实用价值的推广。研制新的超导材料，提升超导体的实现温度，获得实用的超导体，还需要化学工作者的进一步努力。假如能够实现，我们就能迎来一个新时代，电能可以在一个方便的地方生产，然后有效地传输到全国各地。

食物供应

施用化肥、农药等农业化学制品，能够控制病虫害，控制野草的蔓生，增加农田的生产量。然而，化肥、农药的施用也带来了食物污染、生物链的破坏等一系列敏感问题，因此要开发新的农业化学品来替换那些已经有问题的老产品。

食物的腐败可以用抗氧化剂来防止，但是我们要拿出对人类健康有益处至少不会产生害处的抗氧化剂才行。我们生活中已经离不开着色剂，但是如果着色剂对人类健康有害，就必须停止使用。我们需要开发没有副作用的新型供农业用和食用的化学品，这些都是现代化学和未来的化学家们的巨大挑战和机会。

改善人类环境

水污染、大气污染等各类环境污染问题已经日益突出，不管污染的源头是来自化学还是非化学研究，治理污染、改善人类生活环境都是化学研究者义不容辞的责任。

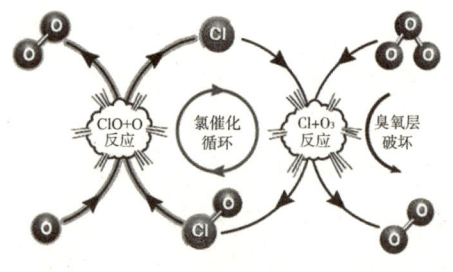

图15 臭氧层破坏机理图

早期，冰箱是用氨或二氧化硫做制冷剂来运转的，假如吸入大量这种气体是非常危险的。这些早期的冰箱泄漏时，曾导致一些人死亡。因此，化学家着手发明一种具有恰当性能的新型化学品：当从液态膨胀成气态时，它必须能吸收大量的热，但不产生有害的生物效应。为了达到这个目标，经过大量的研究后，化学家发明了似乎是理想的CFCs——氟氯烃（Chlorofluorocarbons）。从生物学角度看，氟氯烃确实达到了真正无害的程度，因此被广泛采用。然而，科学研究却发现，氟氯烃大大损耗了大气中的臭氧。臭氧在地平面上肯定是有害的，它会产生烟雾并破坏许多一般的物质。然而，在高空层中臭氧是非常重要的——它吸收太阳光中的高能量紫外线。紫外线能危害地球上所有的生命，包括人类生命。

研究发现，高能量紫外线也能将CFCs断裂并释放出氯原子。研究表明，地球南极附近上空的CFCs正在不断地聚集，臭氧层正在暂时地被破坏，而臭氧层的大量破坏将会直接危及整个地球生命活动的延续。我们不能简单地批判CFCs的发明，更不能指责发明者，但我们要明确：找寻理想的CFCs代用品的工作已经迫在眉睫。

二　看不见的世界

香水是一种化妆品，这谁都知道。可想不到的是，在战争中它还曾发挥过奇妙的作用呢！

故事发生于第二次世界大战期间。一次，美军与日军在太平洋的瓜达尔卡纳尔岛上展开了一场激烈的争夺战。

当时，美军掌握着制空权，他们的飞机盘旋在海岛上空，注视着日军的活动，只要一发现目标，立即进行攻击。日军很不甘心，为避免伤亡，他们只得在夜间行动。瓜达尔卡纳尔岛地形异常复杂，白天都容易迷路，更别提晚上行动了。

怎样才能使士兵不掉队呢？惯用的方法是在每个人的手臂上绑一条白毛巾，但这样不仅容易暴露目标，而且在漆黑的夜里也看不太清，会影响行军速度……日军小队长仓桂中尉在动着脑筋。无意中，他发现放在桌子上的一瓶香水，这是他买给妻子的礼物，还没来得及捎回去。

"对！就请它来帮忙！"仓桂计上心来，拿起香水瓶跑了出去。果然，香水像"手电筒"一样，指引着仓桂小分队迅速到达指定地点，且无一人失踪。

图1

当然，日军的作战行动终究以失败告终，但这种用香水克服夜障的办法给许多战争指挥员以启示，甚至被美军赞为"聪明之举"。你知道仓桂是怎么做的吗？这里面蕴含着什么化学知识呢？

化学探秘

"运动"的花粉
——打开微观世界的大门

罗伯特·布朗是英国著名的植物学家。1827年夏天，布朗正在探讨花粉在植物受精过程中的功能。他从一朵硕大的鲜花中，小心翼翼地取下花粉。为了不让花粉吹散，布朗把花粉浸泡在水中，然后放到显微镜下观察。通过显微镜他观察到，花粉

图2　罗伯特·布朗

二 看不见的世界

分裂出一些圆筒形的微粒。布朗觉得这些圆筒形的微粒可能与植物受精有关，便注视着它们，以便弄清受精的秘密。

> **相关链接**
>
> 罗伯特·布朗（1773—1858），19世纪英国植物学家，出生于苏格兰的芒特罗兹，在爱丁堡大学学习医学。1795年成为一名军医，主要贡献是对澳洲植物的考察和发现了布朗运动。

"咦！这些微粒怎么全在颤抖、运动？"布朗对这一现象迷惑不解。

为了弄清楚这究竟是怎么一回事，布朗又将熟透的花粉囊中的花粉取出来，把它们浸泡在水中，放在显微镜下观察。这一次观察到的现象使他更为惊奇：比圆筒状微粒更小的圆形微粒，运动得更为剧烈！

意外的发现使布朗把研究方向转向花粉微粒的奇异运动。"其他微粒也能发生这种现象吗？"布朗产生了这样的疑问。

他把苔类的叶子弄碎，泡在水里，在显微镜下同样看到了微粒的运动。他又把一些有机物作为观察的对象，结果还是一样。这使布朗十分兴奋。

"有机物是这样，那无机物也不会例外吧？"布朗推想着。

他把玻璃片弄碎，把一些岩石磨成细粉，又取来石墨等，将它们分别悬浮在水中，一一放在显微镜下观察，发现所有微粒在水中都在杂乱无章地运动着。

布朗的这一发现震动了科学界，人们把微粒在水中的运动称为"布朗运动"（图3）。当然，受当时科学水平的限制，这一现象是无法解释的，但它却吸引着科学家们去探讨其中的奥秘。

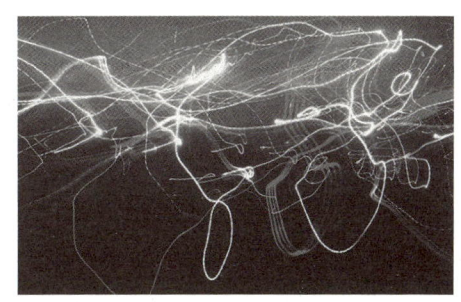

图3　单镜头布朗运动成像

功夫不负有心人。36年后，德国科学家诺伯特·维纳指出，布朗运动与水分子的存在有关。原来，我们所熟悉的水是由一个个水分子构成的，每一个水分子都在做无规则的运动，水分子的运动推动着落入水中的微粒进行着杂乱无章的运动。构成其他物质的分子都像水分子一样在不断运动着，仓桂正是利用了香水分子不断运动的这一特点，让香水变成了引路者。

人们终于跨过"布朗运动"所架起的"宏观"与"微观"之间的桥梁，证实了分子的存在。花粉的运动就这样打开了微观世界的大门！

原子理论浮出水面

宏观的物质世界到底是由什么构成的？这个问题一直激励着人们不断地探索。公元前300年左右，在科技极不发达的时代，德谟克里特就尝试用哲学思想解释物质是如何构成的。他提出，物质是由许多看不见的不可再分的微粒构成的。古希腊语中"不可再分的微粒"的含义就是构成物质世界的本源，含义接近现在的"原子"。然而，这一哲学猜想历经1 000多年都无法得到证实。

图4 德谟克里特

> **相关链接**
>
> 德谟克里特（约前460—前370），古希腊伟大的唯物主义哲学家，原子唯物论学说的创始人之一，率先提出原子论（万物由原子构成）。

17世纪后半叶，英国化学家和物理学家罗伯特·波义耳在科学实践中注意到很多与物质构造有关的现象。例如，气体压缩、液体蒸发和固体升华后可以弥散于整个容器空间，大块的盐溶解后可以通过滤布的微孔等。为了解释这些现象，他认为物质是由无数微粒构成的。

> **相关链接**
>
> 罗伯特·波义耳（1627—1691），英国化学家。化学史家都把1661年作为近代化学的开始年代，因为这一年有一本对化学发展产生重大影响的著作出版问世，这本书就是《怀疑派化学家》，作者是波义耳。革命导师马克思、恩格斯也同意这一观点，称"波义耳把化学确立为科学"。

17世纪末，人们在对化学反应进行定量研究的过程中，逐步意识到反应物与生成物之间有确定的重量比例关系，各种化合物都有确定的组成。1971年，德国化学家J. B. 本杰明·里希特，通过实验研究发现"如果两种元素发生化合反应生成一种化合物，一定量的一种元素总是需要确定量的另一种元素"，从而明确指出化合物都有确定的组成，化学反应中反应

图5 罗伯特·波义耳

图6 汉弗莱·戴维

物之间有定量关系。1800年，英国青年化学家汉弗莱·戴维在测定三种氮的氧化物（N_2O、NO、NO_2）的重量组成时发现，与等量氮化合的氧的重量比约为1∶2∶4。

> **相关链接**
>
> 1801年，汉弗莱·戴维（1778—1829）在（英）皇家学院讲授化学，1803年成为（英）皇家学会会员，1813年被选为法国科学院院士，1815年发明了在矿业中检测易燃气体的戴维灯。

1803年，英国化学家约翰·道尔顿测定过两种碳的氧化物的重量组成，发现与等量碳化合的氧的重量比为

图7 约翰·道尔顿

1∶2。1804年，道尔顿又对沼气和油气乙烯的组成进行研究，发现与等量碳化合的氢的重量比为2∶1。他明确指出："当两种元素可以生成两种或两种以上的化合物时，若其中一种元素的重量恒定，则另一种元素在各种化合物中的相对重量有简单倍数之比。"这些实验研究有力地证明了物质不是连续的、均匀弥漫状的，从而肯定了原子的存在，也证明了由原子构成的分子的微粒性。基于研究，道尔顿提出了原子论。

> **相关链接**
>
> 约翰·道尔顿（1766—1844），英国化学家、物理学家，近代原子理论的提出者。他所提供的关键的学说，使化学领域自那时以来有了巨大的进展。

道尔顿原子论认为，物质世界的最小单位是原子，原子是单一的、独立的、不可被分割的，在化学变

图8 安托万－洛朗·德·拉瓦锡

化中保持着稳定的状态，同类原子的属性也是一致的。道尔顿原子理论，是人类第一次依据科学实验的证据，系统地阐述了微观物质世界，是人类认识物质世界的一次深刻的、具有飞跃性的成就。因此，恩格斯指出化学的新时代是从原子论开始的，"近代化学之父不是安托万－洛朗·德·拉瓦锡，而是道尔顿"。

艰难曲折的分子诞生之路

道尔顿的原子论使人们对物质微粒性的认识提高到了原子层次，这是对化

学的一大贡献。但是，物质的微粒性是多样的，除了原子以外，还有分子、离子等，原子以外的层次当时尚未被人们认识，这些微粒之间是什么关系就更不清楚了，这就需要科学家去继续探索，以发现其他的微粒或层次。

哲学家阿莫迪欧·阿伏加德罗善于从矛盾中寻求联系和统一，他从原子概念异化出分子概念，用新概念

图9　阿莫迪欧·阿伏加德罗

来解决矛盾。他通过大量实验归纳事实后发现，他所研究过的众多的化学物质中，从来没有找到比半个分子还小的粒子，从而认识到半个分子就是化学反应中不再发生变化的量（原子）。同时，他也认为分子肯定可以一分为二，就是二分为四、四分为八也有可能，从而说明了分子、原子之间的关系和内在联系。所以，他相信原子论，但也补充发展了原子论，从而建立起统一的原子—分子学说。他认为："原子是参加化学反应的最小质点，分子则是在游离状态下单质或化合物能够独立存在的最小质点。分子是由原子组成的，单质分子由相同元素的原子组成，化合物分子由不同元素的原子组成。在化学变化中，不同物质的分子中各种原子进行重新结合。"

相关链接

阿莫迪欧·阿伏加德罗（1776—1856），意大利物理学家、化学家。1811年发表了阿伏加德罗假说、阿伏加德罗定律。阿伏加德罗30岁时，对研究物理产生兴趣，1832年出版了四大册理论物理学。为了纪念他，人们把N_A称为阿伏加德罗常量。

在提出分子概念后，阿伏加德罗根据某些物质在气态时的密度测定了它们的相对分子质量，确定了水分子和氨分子的组成。杜马和康尼查罗各自测定了多种挥发性物质的相对分子质量……用新的事实印证了分子的存在。

但是化学界对这一假说反应冷淡。这并未使阿伏加德罗丧失信心，他写道："我预言，假说终将成为整个化学的基础和使化学日益完善的源泉。"事实证明了他的预言的正确性，由于化学界不承认分子的存在，在以后的50年里，化合物的原子组成难以确定，结果原子量的测定混乱不堪。50年后，意大利化学家总结了50年来化学发展的曲折经历，找到了混乱的根源，证实了假说的正确性，分子论才终于为世人所

接受，化学界才认识到阿伏加德罗是个了不起的伟人。那已经是1860年以后的事情了，可惜阿伏加德罗已于1856年去世，甚至没有为后人留下一张画像或照片，然而他的分子概念却永驻世人心中。

探寻微观世界的眼睛

在科学发展史上，直接观察原子、分子一直是人们梦寐以求的愿望。原子、分子等微观粒子的尺寸在 10^{-10} m 数量级上。

电子显微镜、扫描隧道显微镜、原子力显微镜是比较常用的三种先进的现代仪器，科学家常以它们为眼睛，来探查微观世界。

电子显微镜

我们知道，当物质的尺寸小于光波波长的一半时，由于光的衍射现象，物质无法成像。以 400 nm 的可见光来计算，我们无法看到小于 2×10^{-5} cm 的物体。在电磁波谱家族中，X 射线的波长相对较短（小于 10 nm），但因其极强的穿透性使得调焦变得十分困难而无法使用。微观世界的粒子在不同条件下分别表现为波动和粒子的性质，即波粒二象性，电子就是这样的一种微观粒子，具有与光相类似的波动性；再者，电子自身携带电荷，易通过调节电场或磁场来实现聚焦（如电视荧幕成像原理）；又由于电子波长与其速度有反比关系，高速电子的波长很短，运用电子代替光波研发出的电子显微镜（图10）的威力很大。现在用电子显微镜观察体积较大的重过渡元素铀、钍原子已不成问题了。

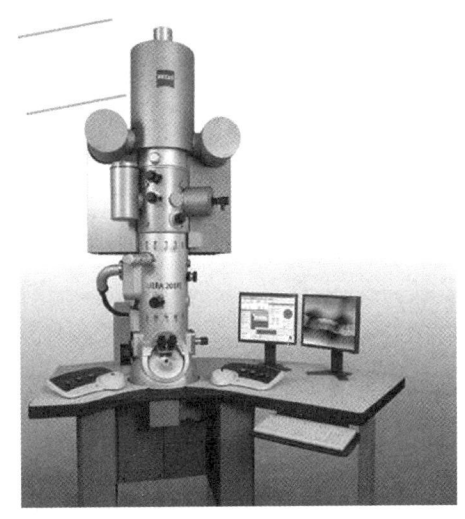

图 10　电子显微镜

扫描隧道显微镜

扫描隧道显微镜是利用电子的隧穿效应发展而来的，隧穿效应指能量低于势垒的粒子具有一定的概率穿过势垒的量子效应。如果两电极（一极为金属探针，一般为钨针；另一极为导电样品）相距很近，并在其间加上微小电压，则探针所在的位置便有隧穿电流产生（图 11）。利用扫描隧道显微镜，通过探查起伏的电信号，就可以观测到原子或分子的表面形貌和表面电子性质等信息。

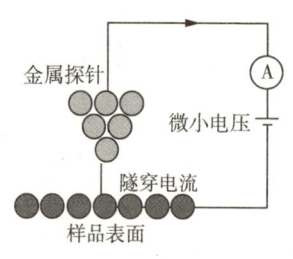

图 11 扫描隧道显微镜工作原理

扫描隧道显微镜不仅可以作为观察物质表面结构的重要手段,而且可以作为在纳米尺度（1 nm = 10^{-9} m）上实现对物质表面精细加工的新奇工具。目前,科学家已经可以随心所欲地操纵某些原子。例如,当扫描隧道显微镜在恒流状态下工作时,突然缩短针尖与样品的间距,针尖下样品表面将会出现纳米量级的坑、丘等表面形态上的变化,由此完成精加工。

用扫描隧道显微镜画出来的中国地图,其

图 12 纳米"中国"

比例尺为1∶1 013,是目前世界上最小的中国地图。图 12 为用扫描隧道显微镜在石墨表面刻写的汉字"中国",其中笔画的线条宽度为 10 nm。如果用这样大小的汉字来书写《红楼梦》一书,只需大头针针头那样小的面积,就可写进全书的内容。

原子力显微镜

原子力显微镜（图 13）是在扫描隧道显微镜基础上发展起来的,是一种不需要导电试样的扫描探针型显微镜。这种显微镜通过其粗细只有一个原子大小的探针在非常近的距离上探索物体表面的情况,便可以分辨出其他显微镜无法分辨的极小尺度上的表面细节与特征。原子力显微镜的出现,使得直接观测微观世界的大门被打开了,极大地推动了纳米科技的发展。

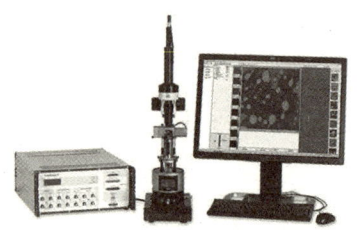

图 13 原子力显微镜

原子力显微镜是利用检测样品表面与细微探针尖端之间的相互作用力（原子力）来测表面的形貌。当原子间的距离减小到一定程度以后,原子间的作用力将迅速上升。因此,由显微探针受力的大小就可以直接换算出样品表面的高度,从而获得样品表面形貌的信息,其工作原理如图 14 所示。

与常规显微镜相比,原子力显微镜的优点是在大气条件下,以高倍率观察样品表面,可用于几乎所有样品（对表面光洁度有一定要求）,而不需要进行其他制样处理,就可以得到样品表面的三维形貌图像,并可对扫描所得的三

二　看不见的世界

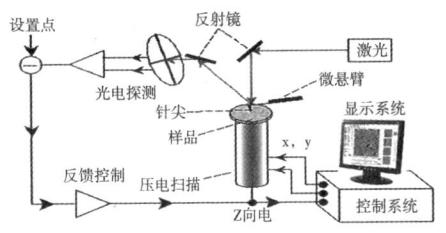

图14　原子力显微镜的工作原理

维形貌图像进行粗糙度计算以及厚度、步宽、方框图或颗粒度的分析。

除了电子显微镜、扫描隧道显微镜和原子力显微镜以外，还有磁力显微镜、静电力显微镜与扫描热显微镜等。磁力显微镜指通过磁性探针扫描磁性样品，检测探针和磁性样品表面的相互作用以重构样品表面的磁性结构。静电力显微镜指利用测量探针与样品的静电相互作用，来表征样品表面静电势能、电荷分布以及电荷运输等情形。扫描热显微镜指在原子力显微镜的探针针尖上利用微加工技术制成微型测温元件，通过针尖和样品之间的热交换来测量表面的温度和热物质分布。这些显微设备可以用来获取各种有关微粒结构的信息。目前，显微仪器家族还在不断发展。显微技术不仅把一个神秘的原子、分子世界呈现在人们面前，而且为人们提供了改造这一世界的手段。它的发展对科学研究以及工业应用都将带来不可估量的影响。

化学长廊

分子筛

我们都见过筛子，建筑工地上，工人用它来筛沙子，细沙子通过筛孔堆在下面，大的石子没有通过筛孔，留在筛子上，这样就把小沙粒跟小石子分开了。

筛子的孔径可以很小，可以从麦粉里筛出面粉来，还可以更小一点。但你听说过能把不同大小的分子分离出来的分子筛吗？

确有此筛。例如，有一种分子筛能根据氧分子和氮分子的大小不同，把它们分离开。这可是很有实用价值的，用它我们就可以从空气里制出纯的氧气了。

分子筛是一类多孔的物质，最早使用的是天然的矿物——沸石，现在实验室用的分子筛多是人工合成的。它的形状像用白黏土制成的小圆柱体，散装堆放在管内使用。它的特点是因多孔而具有很强的吸附性，能在它孔内的表面上吸附住一些较小的分子，而对于另一些较大的分子却任其通过，这种有选择的吸附，就是分子筛的工作原理。为什么分子筛会选择一些分子吸住，而将另一些分子放走呢？关键在于，分子筛多孔，它的小孔都差不多大，也就是说有一定的孔径。若有两种分子混在一起，一种分子比分子筛的孔径大，另一种分子比分子筛的孔径小，那么，让它们从分子筛里通过，大的分子进不到小孔中，不会被分子筛吸住，而小的分子能进到小孔里，就像是掉到陷阱里一样，被分子筛吸住了。

所以，分子筛跟普通筛子有一个有趣的不同点：普通筛子是小的物体通过，大的物体留在筛面上；而分子筛则是让大分子通过，小分子陷在筛子里。

现在用得最多的是4A、5A、13A等型号的分子筛。所谓4A，就是指筛孔直径约为4埃的分子筛。例如，可以用它来除去酒精里的少量水。只要让含水的酒精从装有4A型分子筛的管里通过，酒精里的水就被吸在分子筛上，流出来的则是不含水的酒精了。因为水分子的直径是2.8Å，酒精的分子直径是4.7Å，这样，用4A型的分子筛就可以把水分子全吸到小孔里去了。同样的道理，把不纯的、混有氧气的氩气，从两个6米高的装有分子筛的塔通过，半分钟内，混杂的氧气就会被除尽，得到的氩气纯度能达到99.996%。

应该说明一点，分子筛是否吸附某种分子并不全由分子大小决定。分子的性质不同，在各种温度、压强下的表现不同，都可能使某种分子筛对它们区别对待，这叫选择性吸附。水就是一种容易被吸附的分子，分子筛就常被用来除去气体里的水，所以，分子筛也常用来做干燥剂。

分子筛吸附某种物质有没有限制？吸饱了怎么办？当然有限制。例如，一般的4A型分子筛能吸附其本身重量29%的水，再多就不行了。吸饱了的分子筛用加热的办法可以"解吸"，就是把吸附的物质放出来，通常加热到150~300 ℃就行了，这也叫作分子筛的再生。因此，分子筛是可以反复使用的。

分子筛还有许多奇妙的用处，例如，化工生产上（提炼无铅汽油等）就用到多种多样的分子筛催化剂。

【参考文献】

1. 刘宗寅、吕志清《化学发现的艺术》，中国海洋大学出版社2003年。

2. 胡宏智《步入化学世界》，山东教育出版社2000年。

3. 吴俊明《分子概念建构的意义、基础和教学策略》，《中学化学教学参考》2013年第4期。

4. 袁翰青、应礼文《化学重要史实》，人民教育出版社1989年。

5. 王士平《科学的争论》，科学出版社1998年。

三 真相在哪里？

最早提出原子论的道尔顿认为，原子是一个坚硬的实心小球。他指出：元素的最终组成称为简单原子，它们是不可见的，是既不能创造也不能毁灭和不可再分割的；同一元素的原子，其形状、质量及各种性质都是相同的，不同种元素的原子在形状、质量及各种性质上则各不相同。每一种元素以其原子的质量为其最基本的特征；不同元素的原子以简单数目的比例相结合，就形成了化学中的化合现象。化合物的原子称为复杂原子。复杂原子的质量为所含各种元素原子质量之总和。同一化合物的复杂原子，其形状、质量和性质也必然相同。这被称为原子的实心球模型。

原子内部是什么样子的？原子真的不能再分割了吗？科学家们从未放弃追寻真理的脚步，让我们跟随科学家的脚步，揭开原子的真面目。

化学探秘

汤姆生与枣糕模型

1859年，德国物理学家J.普吕克尔利用经过改进的盖斯勒管，进行了一系列气体的真空放电实验。实验时，他发现在阴极能发出一种射线，并将这种射线称为"阴极射线"。1871年，瓦利根据阴极射线能被磁铁偏转的事实推断，阴极射线是由带负电的物质微粒组成的。瓦利根据阴极射线能使风车转动这一现象说明其具有质量。

英国物理学家约瑟夫·约翰·汤姆生于1897年开始研究阴极射线。他给高真空的放电管两端电极通电，阴极就会放出

图1

图2 约瑟夫·约翰·汤姆生

一种射线,这种阴极射线在外加的静电场中(或磁场中)发生偏转(图3),从而证实了阴极射线是带负电的粒子流,每个粒子带有1个单位的负电荷。

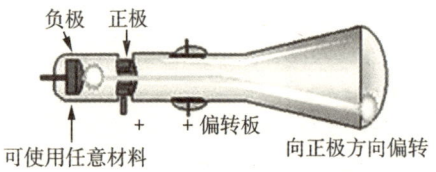

图3 阴极射线在磁场中发生偏转

不论换用什么材料做阴极,所产生的阴极射线的性质都是相同的,所放出的粒子都有相同的质量和相同的电荷,说明该粒子是构成这些材料的所有原子中都含有的微粒。

后来,他进一步测量该粒子的质荷比,发现其仅是氢离子的千分之一,所以这种粒子的质量是氢原子的千分之一。结合另外的实验,说明该粒子不是分子也不是原子,而是比原子更小的物质微粒。汤姆生用斯通尼称呼电荷基本单位的electron(电子)一词来命名这种粒子,就把组成阴极射线的粒子称为电子。

由此,汤姆生得出了这样的结论:电子的质量远远小于原子,电子是原子的构成微粒。1904年,汤姆生提出了原子的枣糕模型:原子是一个带正电荷的球,电子镶嵌在里面,原子好似一块"葡萄干布丁",故名"枣糕模型"或"葡萄干蛋糕模型";或是像西瓜子分部在西瓜瓤中,所以也叫"西瓜模型",如图4所示。汤姆生指出:电子是平均分布在整个原子中的,就如同散布在

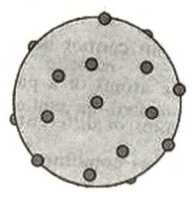

图4
汤姆生原子模型
(枣糕模型)

一个均匀的正电荷的海洋之中,它们的负电荷与那些正电荷相互抵消。在受到激发时,电子会离开原子,产生阴极射线。

卢瑟福与行星模型

汤姆生发现电子后,随即出现的问题是:电子既然带负电,而原子是电中性的,那么原子中必然有带正电的部分,这两部分是怎样构成原子的呢?

汤姆生的学生欧内斯特·卢瑟福,英国著名的物理学家,著名的原子核物理学之父,1908年诺贝尔化学奖的

图5 欧内斯特·卢瑟福

获得者,为揭开原子的秘密奋斗了一生。

卢瑟福认为,从原子内部结构获取信息的最有力的方法之一,在于研究高

速粒子穿过物质的散射。他用α粒子向金箔中的金原子进行轰击,设想:带正电荷的α粒子与金原子中的正电部分相互排斥,与金原子碰撞的结果就使α粒子偏离其直线轨道,偏离的程度就可以直接反映金原子内部正电荷的分布。

卢瑟福使用的"枪弹"——α粒子的性质:带两个单位正电荷,质量是电子质量的七八千倍,以 2×10^7 米/秒的速度射出,能量大。

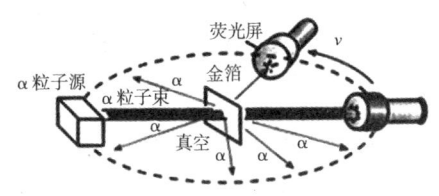

图6 卢瑟福α粒子散射实验
装置示意图

卢瑟福在真空中用高速的α粒子轰击金箔,装置示意图如图6所示,结果发生了α粒子被反击回来的奇怪现象(图7),这种角度散射的概率约为1/8 000。16年后,他在回忆1909年3月的一次实验后的心情时说:"……它是如此难以令人置信,正好像你用15英寸的枪射击一张薄纸,而枪弹居然被反弹了回来,然后把你打中了一样。"

卢瑟福苦苦思索,α粒子到底是怎么被反弹回来的呢?终于在1910年底,

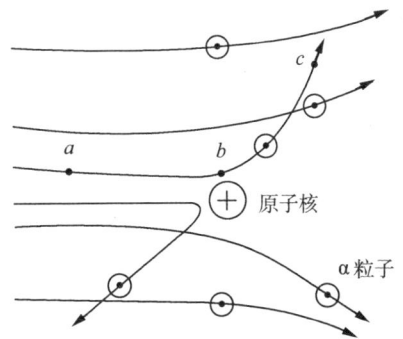

图7 卢瑟福α粒子散射实验
现象示意图

他经过数学推算,证明"只有假设原子中有一个正电球部分,它的直径远小于原子的直径,α粒子穿越单个原子时,才可能产生大角度散射"。也就是说,原子里面几乎是"空"的,但中心处却有一个体积极小、质量很大且带正电荷的部分,只有假设这个正电球部分的直径只有原子直径的十万分之一,才能产生那样的散射结果。我们可以想象一下,α粒子向金原子射击,如同射向了一个飘满棉絮的百米直径大球,球的中心有一个如弹子般大小、坚硬无比、质量很大、带有正电荷的钢球,自然是绝大多数子弹顺利通过,射中钢球的概率一定是很小很小了。这个正电球部分正是如今被称为的"原子核"。

1911年,卢瑟福提出原子的行星模型(图8):电子像太阳系的行星围绕太阳转一样围绕着原子核旋转。他提出:①原子的大部分体积是空的;②在

原子的中心有一个很小的原子核；③原子的全部正电荷在原子核内，且几乎全部质量均集中在原子核内部，带负电的电子在核空间进行绕核运动。这一模型被后来科学家的多种实验结果进一步证实。

图8　卢瑟福提出的原子行星模型

玻尔与轨道模型

在行星模型里，如果根据经典电磁理论，这样的电子会发射出电磁辐射，损失能量，以至瞬间坍缩到原子核里。但是，这与实际情况不符，卢瑟福无法解释这个矛盾。

1912年，卢瑟福的学生尼尔斯·亨利克·戴维·玻尔在行星模型的基础上引入了普朗克的量子概念，认为原子中的电子处在一系列分立的稳态上，然而仍有诸多细节无法想通。1913年2月4日前后的某一天，玻尔的同事汉森拜访他，提到了1885年瑞士数学教师巴耳末的工作以及巴耳末公式，玻尔顿时受到启发。后来他回忆道，"就

图9　尼尔斯·亨利克·戴维·玻尔

在我看到巴耳末公式的那一瞬间，突然一切都清楚了""就像是七巧板游戏中的最后一块"。这件事被称为玻尔的"二月转变"。

> **相关链接**
>
> 尼尔斯·亨利克·戴维·玻尔（1885—1962），丹麦物理学家，哥本哈根大学博士，丹麦皇家科学院院士，曾获丹麦皇家科学文学院金质奖章、英国曼彻斯特大学和剑桥大学名誉博士学位，1922年获得诺贝尔物理学奖。玻尔通过引入量子化条件，提出了玻尔模型来解释氢原子光谱；提出互补原理和哥本哈根诠释来解释量子力学。他还是哥本哈根学派的创始人，对20世纪物理学的发展有深远的影响。

1913年7月、9月、11月，经由卢瑟福推荐，《哲学杂志》接连刊载了玻尔的三篇论文，标志着玻尔轨道模型正式提出。玻尔的原子轨道模型给出这样的原子图像（图10）：电子在一些特定的可能轨道上绕核做圆周运动，离核愈远能量愈高；可能的轨道由电子的角动量必须是$h/2\pi$的整数倍决定；当电子在

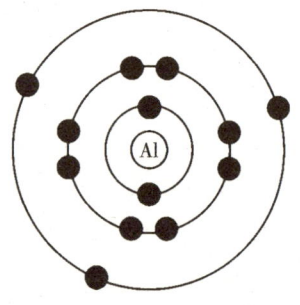

图10　玻尔原子轨道模型

这些可能的轨道上运动时原子不发射也不吸收能量，只有当电子从一个轨道跃迁到另一个轨道时原子才发射或吸收能量，而且发射或吸收的辐射是单频的，辐射的频率和能量之间的关系由 $E=h\nu$ 给出。玻尔的理论成功地说明了原子的稳定性和氢原子光谱线规律。

薛定谔与现代电子云模型

1926 年，奥地利学者埃尔温·薛定谔在德布罗意关系式的基础上，对电子的运动做了适当的数学处理，

图11　埃尔温·薛定谔

提出了二阶偏微分的著名的薛定谔方程式。这个方程式的解，如果用三维坐标以图形表示的话，就是电子云。

电子云模型中的电子在原子核外很小的空间内做高速运动，其运行没有固定的规律，接近近代人类对原子结构的认识，属于分层排布。

电子云是处于一定空间运动状态的电子在原子核外空间的概率密度分布的形

图12　电子云模型

象化描述，它不同于行星轨道式模型。电子有波粒二象性，它不像宏观物体的运动那样有确定的轨道，因此画不出它的运动轨迹。我们不能预言它在某一时刻究竟出现在核外空间的哪个地方，只能知道它在某处出现的机会有多少。为此，单位体积内电子出现概率，即概率密度大小，用小白点的疏密来表示。小白点密处表示电子出现的概率密度大，小白点疏处表示电子出现的概率密度小，看上去好像一片带负电的云状物笼罩在原子核周围，因此叫电子云。

> **相关链接**
>
> 埃尔温·薛定谔（1887—1961），奥地利物理学家，量子力学奠基人之一，发展了分子生物学。物理学方面，在德布罗意物质波理论的基础上，建立了波动力学。由他所建立的薛定谔方程是量子力学中描述微观粒子运动状态的基本定律，它在量子力学中的地位大致相似于牛顿运动定律在经典力学中的地位。
> 提出思想实验"薛定谔的猫"，试图证明量子力学在宏观条件下的不完备性。

化学长廊

打开原子核

原子核是否可分？

卢瑟福在做α粒子通过空气和金箔减速与吸收的实验时，发现α粒子通过空气时，总能在大约4倍于α粒子射程处的荧光屏上看到一些"氢粒子"的闪烁。他还注意到荧光屏与射线之间的空气越多，引起闪烁的"氢粒子"数就会增加。因为空气的主要成分是氮，这就说明"氢粒子"来源于氮原子。

为了排除空气中的尘埃与α粒子作用产生"氢粒子"，卢瑟福用棉花团塞到管口处做实验。当用纯氮进行实验时，他发现闪烁的"氢粒子"是原来的2～3倍。由此，卢瑟福得出结论，α粒子从它们所轰击的氮原子中打出了类氢粒子。他将"氢粒子"通过磁场，发现它带正电，径迹曲线与氢原子相同，从而确定α粒子轰击氮核时，从其中打出类氢的原子核。根据这些研究成果，卢瑟福认识到，"氢核"是组成原子核的基本成分之一。

1919年，卢瑟福继续用α粒子做"炮弹"，去"轰击"氢、镁、硅、硫、氯、氩和钾等元素，结果表明都会打出一种高速的"氢核"。卢瑟福为其取名为"质子"，并猜测：原子核由带正电的质子和带负电的电子组成。

1928年，德国物理学家玻特和他的学生贝克尔利用钋源发射的α粒子轰击铍靶，原想能打出质子，但未发现质子，而是发现了一种穿透力很强的中性辐射，它能穿过铅板，被计数管记录下来。

1932年，法国科学家伊雷娜·约里奥·居里和丈夫约里奥·居里让这种"铍射线"通过石蜡，结果产生了高速的质子，显然，这表明石蜡中的氢原

图13 伊雷娜·约里奥·居里

相关链接

伊雷娜·约里奥·居里（1897—1956），本名伊雷娜·居里，居里夫妇的女儿，与丈夫约里奥·居里（外国妇女出嫁后通常随夫姓，而这对夫妇为纪念居里这一伟大姓氏，采取了夫妻双姓合一的方式）合作于1932年发现一种穿透性很强的辐射，后确定为中子；1934年发现人工放射性物质，并对裂变现象进行研究。1935年夫妻共获诺贝尔化学奖。夫妻俩还于1948年领导建立了法国第一个核反应堆。

子核被"轰"了出来。约里奥·居里相信，撞击石蜡靶的放射线一定是高能量的γ光子，但是詹姆斯·查德威克却认为这种解释并不合适。应该说，用γ射线效应是无法解释这种"反常"现象的。这是由于γ射线的静止质量为零，不具备将质子从原子核里打出去的动量。

查德威克接着满腔热情地重复了约里奥·居里夫妇的工作。结果发现：(1) 此辐射具有巨大的穿透本领，不会被磁场偏转，在威尔逊云室内不能直接产生电离作用，所以不带电荷；速率仅为光速的十分之一，故不属于γ射线。(2) 如果此辐射是γ射线，则计算出的γ射线的能量比约里奥·居里夫妇算得的还要大得出奇，并且当碰撞原子的质量增加时，还必须假想这种γ射线的能量越来越大，与能量守恒原理和动量守恒原理不符，绝不可能使能量值与引起铍辐射的能量一致。这充分说明铍辐射不是γ射线。(3) 任何能从原子核中打出质子的辐射，必须是由一些本身就应该相当于质子那么重的粒子所构成的。

至此，查德威克把直观认识、逻辑思维和实验研究结合起来，大胆地指出这种铍辐射就是卢瑟福曾预言而他自己寻觅已久的"中子"。他认为，铍辐射是由铍发出的，由质量与质子几乎相等而不带电荷的中性粒子（即中子）组成。他发现实验得出的结果与他的理论计算完全一致，其他物质的辐射也存在同样的情况。

至此，原子核是由质子和中子所构成的学说最终建立起来，模型图如图14所示，其中中央球堆深色球代表质子，浅色球代表中子。

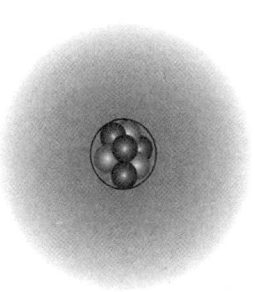

图14　原子核模型图

原子由带负电荷的电子和带正电荷的原子核构成，原子核所带的正电荷与电子所带的负电荷在数量上相等，因此原子呈电中性，由原子构成的物体也呈电中性。

不同物质的原子核束缚电子的本领不同。两个物体摩擦时，哪个物体的原子核束缚电子的本领弱，它的一些电子就会转移到另一个物体上，失去电子的物体因缺少电子而带正电，得到电子的物体因有多余的电子而带等量的负电，因此具有了吸引轻小物体的能力，这就是与头发摩擦过的塑料尺子能够吸引碎纸屑的道理。干燥的冬天，如果我们穿着化纤的衣服，睡觉脱衣服时常会看到衣服上有火花,并能听到啪啪的声响,这也是摩擦生电的结果。

更小的粒子——夸克

物理学家认识了原子核的结构之后,便知道物质通常是由电子、质子和中子构成的。20世纪30年代初期,人们普遍认为这4种粒子是基本的,即它们不是由更小的基元构成的,一般认为质子和中子是组成物质的最小粒子。

1963年,美国物理学家默里·盖尔曼、兹维格提出物质组成的新理论,主张当时科学家所认为的构成物质的最小粒子中子、质子等是由更基本的粒子"夸克"所构成的,并提出三种夸克,分别命名为上夸克、下夸克、奇夸克。例如,质子由两个上夸克与一个下夸克及胶子组成。夸克并不会自然、独立存在于自然界中。

只有当粒子(电子或质子)以极高的速度(接近光速)发生碰撞时,才有可能产生夸克这样的基本粒子。而且由于碰撞产生的夸克能量相当高,它很快就会衰变成其他物质。因此,只有在实验室中,用粒子加速器将电子或质子加速,并使它们在高速下发生碰撞,同时以极精密的仪器进行测量,才能推论出夸克的存在。

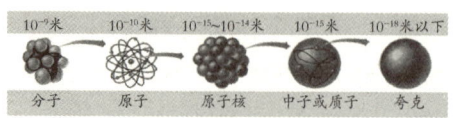

图15 构成物质的各级微粒

夸克的发现使人类对微观物质世界的认识又深入了一大步,验证了粒子物理的基本理论模型,可以协助科学家回溯宇宙的初始阶段,了解宇宙由过去到未来的演化历程。

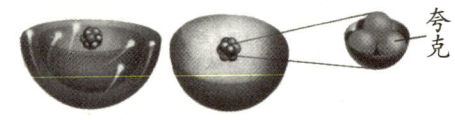

图16 引入夸克后原子结构模型图

【参考文献】

1. 袁翰青、应礼文《化学重要史实》,人民教育出版社1989年。

2. 汪朝阳、肖信《化学史人文教程》,科学出版社2010年。

3. 王士平《科学的争论》,科学出版社1998年。

四 空气不空

20世纪初,一个飞行员驾驶着飞机飞过英吉利海峡从法国到达英国。那时候,飞机刚刚发明出来,人们感到非常新鲜。他在一个小镇附近降落以后,简直成了英雄。人们从四面八方来到飞行员居住的饭店,向他打听飞行的故事,并请他签名留念。

有一个商人也夹在人群中间,盘算着怎样利用这个机会发财。飞行员无意间在桌子的漆布上写下了自己的名字,商人马上想:"恩,我要把这块漆布买下来。"可惜除了漆布上的字迹,飞行员没有留下任何值得纪念的物品。商人灵机一动,想到如果把飞行员和众人呼吸过的空气用小瓶子装起来,过些日子当作纪念品去卖,一定能赚到一笔钱。他越想越得意,于是就把饭店的老板叫了过来。

"我要买这间屋子里的空气,你同意吗?"商人认真地说。

起初,饭店老板不敢相信,当他弄清楚商人的确是在和他做生意的时候,他说道:"那好吧,每 1 m³ 空气算 10 元,这个房间里空气的体积有 100 m³,你就给 1 000 元吧!"

"你疯了!你的价格太贵了!这样吧,每 1 kg 空气我给你 10 元。"自作聪明的商人这样说道。

饭店老板虽然不知道商人打的什么算盘,但他想反正白卖钱,于是就痛快地答应了。

结果这个自作聪明的商人在付钱时才知道自己的算法吃亏了!为什么呢?

图1

化学探秘

揭开空气的神秘面纱

在远古时代,空气曾被人们认为是不由其他任何物质构成的简单物质。历经几代科学家的不懈努力,空气的神秘面纱终于被揭开。

1674年,英国科学家梅猷在做蜡烛燃烧的实验时,分别把燃烧着的蜡烛和小老鼠倒置在水中的玻璃罩内。过了一段时间，他发现两个瓶内的水面都上升了一段。这说明玻璃罩内的一些空气消失了。后来，他进一步研究发现，剩余的空气不能再支持其他可燃物的燃烧，也不能再支持动物呼吸。因此，他指出，消失的那部分空气被燃烧和呼吸消耗掉了。这说明空气不是单一组分的物质，其中只有部分物质能被燃烧和呼吸消耗。

1774年，法国化学家拉瓦锡提出燃烧的氧化学说，否定了之前的燃素学说。他在进行铅、汞等金属的燃烧实验过程中发现，一部分金属变为有色的粉末，空气在钟罩内的体积减小了原体积的1/5，剩余的空气不能支持燃烧，动物在其中会窒息。他把剩下的4/5气体叫作氮气，在他证明了普利斯特里和舍勒从氧化汞分解制备出来的气体是氧气以后，空气的组成才确定为氮气和氧气。

1785年，英国化学家亨利·卡文迪许用电火花使空气中氮气跟氧气化合，并继续加入氧气，使氮气变成氮的氧化物，然后用碱液吸

> **相关链接**
>
> 亨利·卡文迪许（1731—1810），英国化学家、物理学家。1731年10月10日生于撒丁王国尼斯，1742—1748年在海克纳学校读书，1749—1753年期间在剑桥大学彼得学院求学。在伦敦定居后，卡文迪许在他父亲的实验室中当助手，做了大量的电学、化学研究工作。他的实验研究持续达50年之久。1760年卡文迪许被选为伦敦皇家学会成员，1803年又被选为法国研究院的18名外籍会员之一。

收而将之分离，剩余的氧气用红热的铜除去，但始终残余有1%的气体不跟氧气化合。当时他认为这可能是一种新的气体，然而这种见解却没有受到化学家们应有的重视。百余年后，英国物理学家雷利于1892年发现，从含氮的化合物中制得的氮气每升重1.250 1 g，而从空气中分离出来的氮气在相同情况下每升重1.257 1 g，虽然两者相差只有几毫克，但已超出了实验误差范围，所以他怀疑空气中的氮气中一定含有尚未被发现的较重的气体。雷利沿用卡文迪许的放电方法从空

图2　亨利·卡文迪许

图3　威廉·拉姆塞

四 空气不空

> **相关链接**
>
> 威廉·拉姆塞（1852—1916），英国著名化学家，最初研究有机化学，后来研究物理化学。因发现氦、氖、氩、氪、氙等气态惰性元素，并确定了它们在元素周期表中的位置，而获得1904年诺贝尔化学奖。

气中除去氧气和氮气；同时英国化学家威廉·拉姆塞把已经除掉二氧化碳、水蒸气和氧气的空气通过灼热的镁以吸收其中的氮气。他们二人的实验都得到一些残余的气体，经过多方面试验断定它是一种极不活泼的新元素，定名为氩，原文是"不活动"的意思，空气中的氩气就此被发现。

1868年8月18日在印度发生了日全食，法国天文学家严森从分光镜中发现太阳光谱中有一条跟钠D线不在同一位置上的黄线，这条光谱线是当时尚未知道的新元素所产生的，于是预测了这种元素的存在，并定名为氦（氦是拉丁文的译音，原意是"太阳"）。

1898年拉姆塞又在液态空气蒸发后的残余物里，先后发现了氪（拉丁文原意是"隐藏的"）、氖（拉丁文原意是"新的"）和氙（拉丁文原意是"生疏的"）。

1990年德国物理学教授道恩在含镭的矿物中发现一种具有放射性的气体，称之为氡（拉丁文原意是"射气"）。

就这样，通过科学家们的不懈努力，空气的神秘面纱被揭开：它无色、无味，主要成分是氮气和氧气，还有极少量的氦、氖、氩、氪、氙、氡等稀有气体以及水蒸气、二氧化碳、尘埃等。空气的不变成分是氮气、氧气以及稀有气体，这些成分几乎不变，主要是自然界各种变化相互补偿的结果。空气的可变成分是二氧化碳和水蒸气。此外，空气的不定成分因地区而异。例如，在工厂区附近的空气里就会因生产项目的不同，而分别含有氨气、酸蒸气等。另外，空气里还含有极微量的氢气、臭氧、氮的氧化物、甲烷等气体。灰尘是空气里或多或少的悬浮杂质。总的来说，空气的成分一般是比较固定的。

氮氧的环球之旅

我们知道，空气中的氮氧含量是基本保持不变的，那么，它们究竟用了什么魔术让自己保持不变呢？我们一起来了解一下氮氧的环球之旅。

在自然界中，氮的循环几乎涉及生物圈的全部领域。大气中的氮气首先经微生物等作用而进入土壤中被固定，然后经植物吸收储存在植物体内，动物以植物为食而获得氮元素并转化为动物蛋白质。动植物死亡后,其遗骸中的蛋白质被微生物分解成 NH_4^+、NO_3^-、NH_3,又回到土壤和水体中,被植物再次吸收利用。如此反复循环,以至无穷。

在陆地生态系统中,氮主要是通过生物体内有机氮的合成、氨化作用、硝化作用、反硝化作用和固氮作用这些环节完成循环的。首先,植物吸收土壤中的铵盐和硝酸盐,进而将这些无机氮同化成植物体内的蛋白质等有机氮;然后,动物直接或间接以植物为食物,将植物体内的有机氮同化成动物体内的有机氮。这一过程为生物体内有机氮的合成。动植物的遗体、排出物和残落物中的有机氮被微生物分解后形成氨,这一过程是氨化作用。在有氧的条件下,土壤中的氨或铵盐在硝化细菌的作用下最终氧化成硝酸盐,这一过程叫作硝化作用。氨化作用和硝化作用产生的无机氮,都能被植物吸收利用。在氧气不足的条件下,土壤中的硝酸盐被反硝化细菌等多种微生物还原成亚硝酸盐,并且进一步还原成分子态氮,分子态氮则返回到大气中,这一过程称作反硝化作用。

氧气,在自然界中含量非常丰富,分布广泛,性质活泼。在自然界中,氧气主要是通过光合作用实现循环的。在

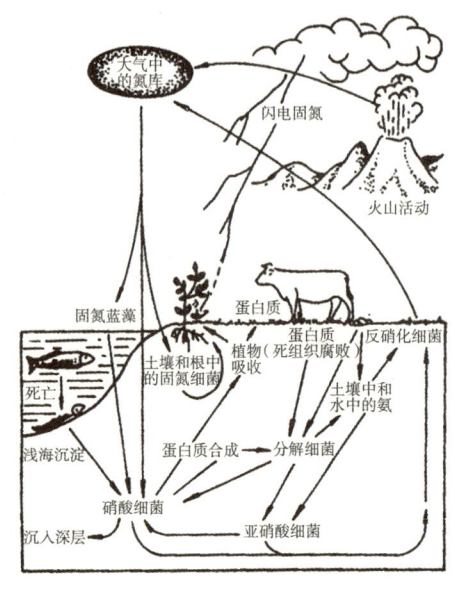

图 4　自然界中氮的循环

光合作用的过程中,叶绿素在太阳光照射的能量下,使水分子分解产生氢气和氧气;其中氢气与碳及其化合物化合产生糖,同时,氧气被释放到大气中。另一方面,动植物的呼吸作用、地壳表面物质腐败氧化等过程不断消耗大气中的氧气。以动植物的呼吸作用为例,动植物吸入氧气,通过氧化作用产生了可供生命利用的能量,同时排出二氧化碳。如此生生不息,氧气在大气中保持了恒定的含量。

无论是氧气还是氮气,其参与循环的物质仅是其总储量中很少的一部分,大部分则存留在它们各自的"储库"之中。海洋和岩石是氧的总储库,大气是氮的总储库。因为参与各种物质循环

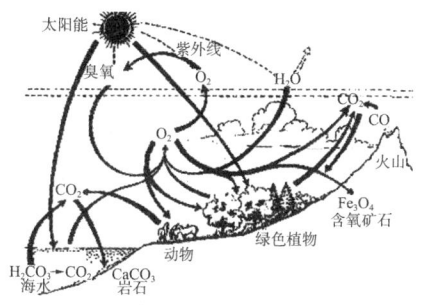

图 5 自然界中氧的循环

的物质的量很少,所以总体循环一周所需要的时间很长,且根据总储量不同,循环周期的差别也是很大的。据估计,如把地球上所有现存的水为植物光合作用所裂解,再为动植物细胞的生物氧化而重新形成,需时 200 万年。在此过程中产生的 O_2 进入大气并约在 2 000 年内进行再循环;CO_2 为动植物细胞所呼出进入大气中,平均停留 300 年,再为植物细胞固定。

空气的前世今生

我们所说的空气就是包围地球的气壳,也被称为地球大气。现在的大气是由原始大气经历一系列复杂变化才形成的。地球大气层是随着地球的形成而逐步演变的,经过几十亿年的不断演化,才成为今天的状态。地球大气的演化经历了原始大气、次生大气和现在大气三个演变阶段。

第一阶段:原始大气

原始大气的形成与星系的形成密切有关。宇宙中存在许多原星系,它们最初都是一团巨大的气体,主要成分是氢。之后,原星系内的气体,团集成许多中心,在万有引力作用下,气体分别向这些中心收缩。因此出现了许多原星体,越收缩则密度越大,密度越大则收缩越快,使原星体内原子的平均运动速率越来越大,温度也越来越高。当温度升高到摄氏 1 000 万度以上时,原星体会发生核反应,出现四个氢原子聚变为一个氦原子的过程。

在这一阶段,地球大气是以太阳星云气体为主的还原型大气。当代天体化学和比较行星学研究成果表明,类木行星的大气层主要是行星形成时俘获的太阳星云气体,其中 H_2 约 89%,He 约 11%,CH_4 约 6×10^{-2}%,以及稀有气体如 Ne、Ar、Xe 等。由此推测,在胚胎阶段地球原始大气成分可能以 H_2、He 为主。这层大气寿命很短,在地球形成之后不久,便被太阳向外不断散射的强烈的粒子流形成的太阳风吹得无影无踪了。同时,地球形成之初,质量还不大,引力较小,加上内部放射性物质衰变和物质融化引起能量转换或增温,使分子热运动加剧,H_2、He 这些低分子量的气体便逃逸到外层空间去了。

第二阶段:次生大气

发热机制除使当时大气中较轻气体

向太空逸出外，还起到为产生次生大气准备条件的另外两种作用。一种作用是使被吸积的C1型碳质球粒陨石中某些成分因升温而还原，使铁、镁、硅、铝等还原分离出来，由于它们的比重不等，造成了固体地球的重力不稳定结构。但由于它们都是固体，没有自动做重力调整的可能。

另一种作用是使地球内部升温而呈熔融状态。这一作用十分重要，因为它使原来不能做重力调整的不稳定固体结构熔融，可通过对流实现调整，发生了重元素沉向地心、轻元素浮向地表的运动。这个过程在整个地质时期均有发生，但在地球形成初期尤为盛行。在这种作用下，地球内部物质的位能有转变为宏观动能和微观动能的趋势。微观动能即分子运动动能，它的加大能使地壳内的温度进一步升高，并使熔融现象加强。宏观动能的加大，使原已坚实的地壳发生遍及全球的或局部的掀裂。这两者的结合会导致造山运动和火山活动。在地球形成时被吸积并禁锢于地球内部的气体，通过造山运动和火山活动排出地表，这种现象称为"排气"。地球形成初期遍及全球的排气过程，形成了地球的次生大气圈。

在地球形成初期，火山喷发的气体成分和现代不同，它们以甲烷和氢为主，尚有一定量的氨和水汽。次生大气中没有氧，这是因为地壳调整刚开始，地表金属铁尚多，氧极易与金属铁化合而不能在大气中留存，因此次生大气属于缺氧性还原大气。次生大气主要包括二氧化碳、甲烷、氨、水蒸气、硫化氢等具有较大分子量的气体。

第三阶段：现在大气

随着紫外线对水的光解，大量的氧生成了，地球上开始了生命活动的历程。光合作用生成了碳水化合物，这是植物细胞的基本构成部分。在距今40亿年前的最初阶段，氧与次生大气中的其他元素融合，在雷电、火山等条件下生成了单细胞。在距今30亿~20亿年前，原始生命——单细胞的藻类发展到开始通过光合作用又释放出氧气，此时，海洋有效地阻挡了致命的紫外线辐射，使原始生命在海洋中繁衍起来。最后，高空氧逐渐增多，在光解作用下产生了臭氧层，它使透过大气的紫外线大为减少，促使植物发展至海洋上层，又增加了光合作用的机会，从而促进了植物生命的大大发展。随着这种相互间的协调和增益过程，直到距今4亿年前，生命终于跨过了漫长的岁月，从海洋登上了陆地，大气层也渐渐演变成今天的样子。

由次生大气转化为现在大气，与生

命现象的发展关系最为密切。正如现在大气中的二氧化碳，最初有一部分是由次生大气中的甲烷和氧通过化学作用而产生的一样，现在大气中的氮，最初有一部分是由次生大气中的氨和氧通过化学作用而产生。火山喷出的气体中，也可能包含一部分氮。在动植物繁茂后，动植物排泄物和腐烂遗体能直接分解或间接地通过细菌分解为气体氮。虽然氧是一种活泼的元素，但氮是一种惰性气体，所以在常温下它们不易化合。这就是氮能积集成大气中含量最多的成分，且能与次多成分氧并存于大气中的原因。至于现在大气中含量占第三位的氩，则是地壳中放射性钾衰变的副产品。

地球自形成到现在，经历了原始大气、次生大气和现在大气三个阶段。但现在大气的成分，也不是永不再变的，它将随着今后自然条件的变化及人类活动的影响而发生变化。

化学长廊

高空旅行——天有多高？

我们小时候抬头望天时，常常会想到一个问题："天有多高？"现在，我们已经知道，宇宙太大了，现代的科学还摸不着边。依目前的科学水平来讲，可以说宇宙是无限的。因此，从我们的地球往外望，"天高"也是无限的。但是从地球来讲，它包括地球的球体，也就是岩石层、水层，还有包围着这个球体的大气层。假如不考虑地球以外的事，我们心中的天边应该就是地球大气层顶部的边界了。这样的"天"有多高呢？

让我们来一次高空旅行。大体来分，高空旅行要经过五站：对流层、平流层、中间层、暖层和外层。

首先我们到达的第一站是对流层，此时我们的飞行高度在 10 千米左右，这是地球大气圈中最内一层的平均高度。这一层的空气上下左右不断流动，所以风、云、雨、雪、雹都是以这一层为舞台展现出来的，因此对流层也被称为气象层。对流层里的空气也不是均匀的。由于受到地心引力的影响，靠近地面处的空气微粒也就越多，越往高处，空气微粒越少，也就是空气稀薄。在 10 米高空，大气压强只相当于海面的 5.4%，也就是说，在这样的高度上，相当于海面，空气只剩下了 1/20。在这样稀薄的空气里，人是无法正常呼吸的。早期人们乘气球高空探险，由于对高空空气稀薄认识不足，就有人因此送了命。

继续前进约 10 千米，这之上就是

我们的第二站平流层了，平流层的范围在 20 千米到 50 千米之间。顾名思义，平流层的空气比较稳定，大气是平稳流动的，故称为平流层。一些大型的飞机一般在平流层飞行，以保证飞行的平稳性。平流层空气更加稀薄，水蒸气和尘埃很少，因此也没有云。平流层大气质量占大气圈质量的 25%。在这里，我们会遇到一种叫作臭氧的新物质。在 25 千米高处，臭氧最多，科学家称这一层为臭氧层。这一层主要是由于氧分子受太阳光的紫外线的光化作用造成的，使氧分子变成了臭氧。臭氧能强烈地吸收紫外线和一些高能粒子，这对地球上的生物非常重要。

接着往上走，我们会到达"中层大气"这一站，也就是从 50 千米到 100 千米这个范围。中层大气以氮气和氧气为主，几乎没有臭氧。该层的 60~90 千米高度上，空气分子吸收太阳紫外线辐射后可发生电离，形成带电荷的正离子和负离子及部分自由电子，习惯上称为电离层的 D 层。

继续飞行至大约距地球表面 100 千米至 500 千米，即到达暖层。这一层有大量的氧原子，当太阳光照射时，太阳光中的紫外线被该层中的氧原子大量吸收，因此温度升高，故称暖层。在这一层由于太阳紫外线和 X 射线的作用，大气中的氮、氧分子或原子电离为正离子或自由电子，空气处于高度电离状态，故又称电离层。在 100~800 千米的高度中，离子浓度的分布是不均匀的。在 110 千米附近（通常叫 E 层）和 300 千米附近（通常叫 F 层），离子浓度都比较大。在 E 层以 NO^+ 和 O_2^+ 为主要的离子成分，在 F 层顶以 O^+ 为主。

再往高处走，离地面 500 千米以上叫外大气层，又名逸散层。它是大气层的最外层，是大气层向星际空间过渡的区域，外面没有什么明显的边界。通常情况下，上部界限在地磁极附近，近磁赤道上空在向太阳一侧，有 9~10 个地球半径高，换句话说，大约有 65 000 千米高。这里空气已极其稀薄，气体微粒越来越少，其密度为海平面处的一亿亿分之一。可以认为这就是天的边了，该层中主要是原子态的氧、氢、氦和分子态的氮、氧。1 000 千米以上则只有原子态的氦、氢和氧。

究竟天有多高呢？这是一个难以确切回答的问题。其实，地球外围大气总量的 75% 集中在对流层，而我们在天上看到的云也是在对流层，与我们有关的气候变化因素也来源于对流层，它的平均高度是 20 千米，这应当是我们需要特别关心的"天"。事实上，人们通常把 1 000 千米之内（即完全电离层之内）作为大气的高度，即大气层厚约 1 000 千米，再往外就是天外天了。大气层分布的简要示意图如图 6 所示。

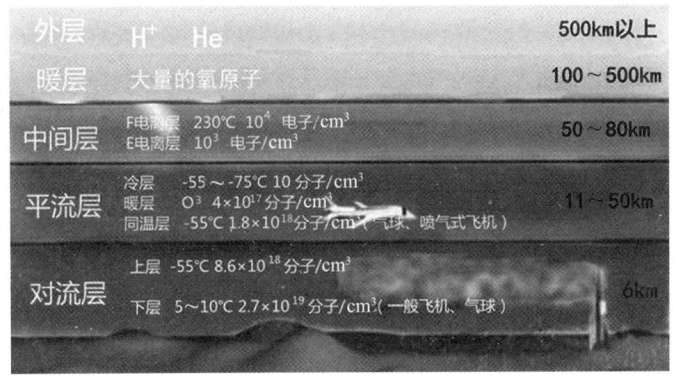

图 6　大气层分布简要示意图

【参考文献】

1. 胡宏智《步入化学世界》，山东教育出版社 2001 年。

2. 《环境科学大辞典》编辑委员会《环境科学大辞典》，中国环境科学出版社 1991 年。

3. 郑长龙《化学新课程中的教学素材开发》，高等教育出版社 2003 年。

4. 刘秀明、王世杰、欧阳自远《大气圈和水圈物质组成的演化及其对表生地质作用的制约》，《第四纪研究》2002 年第 22 期。

五　绿色呼吸

图 1

近年来,中国逐渐成为受雾霾危害较大的国家之一,每年的冬春季节,很多城市、地区都会出现大范围的雾霾天气,不仅影响出行安全,还危害人们的身体健康。

浓雾锁城,给人们心上笼罩了一层挥之不去的阴霾,也引起了人们对空气质量的高度关注,"呼唤洁净空气,支持绿色呼吸"的呼声越来越大。我们每个人都应该知道:优质空气的标准是怎样的?我们怎样才能读懂空气污染的情况?如何实现绿色呼吸?

化学探秘

空气质量标准

为贯彻《中华人民共和国环境保护法》和《中华人民共和国大气污染防治法》,保护和改善生活环境、生态环境,保障人体健康,有关部门制定了国家空气质量标准。本标准规定了环境空气功能区分类、标准分级、污染物项目、平均时间及浓度限值、监测方法、数据统计的有效性规定及实施与监督等内容。环境空气污染物基本项目和其他项目浓度限值分别见表1和表2。

表1　环境空气污染物基本项目浓度限值

序号	污染物项目	平均时间	浓度限值 一级	浓度限值 二级	单位
1	二氧化硫	年平均	20	60	$\mu g/m^3$
		24小时平均	50	150	
		1小时平均	150	500	
2	二氧化氮	年平均	40	40	
		24小时平均	80	80	
		1小时平均	200	200	

(续表)

序号	污染物项目	平均时间	浓度限值 一级	浓度限值 二级	单位
3	一氧化碳	24 小时平均	4	4	mg/m³
		1 小时平均	10	10	
4	臭氧	日最大 8 小时平均	100	160	μg/m³
		1 小时平均	160	200	
5	颗粒物（粒径小于等于 10 微米）	年平均	40	70	
		24 小时平均	50	150	
6	颗粒物（粒径小于等于 2.5 微米）	年平均	15	35	
		24 小时平均	35	75	

表2 环境空气污染物其他项目浓度限值

序号	污染物项目	平均时间	浓度限值 一级	浓度限值 二级	单位
1	总悬浮颗粒物（TSP）	年平均	80	200	μg/m³
		24 小时平均	120	300	
2	氮氧化物	年平均	50	50	
		24 小时平均	100	100	
		1 小时平均	250	250	
3	铅（Pb）	年平均	0.5	0.5	
		季平均	1	1	
4	苯并【a】芘（BaP）	年平均	0.001	0.001	
		24 小时平均	0.0025	0.0025	

空气污染指数

空气污染指数（API）是一种反映和评价空气质量的方法，通常将常规监测的几种空气污染物浓度简化成为单一的概念性数值形式，并分级表征空气质量状况与空气污染程度，其结果简明直观、使用方便，适用于表示城市的短期空气质量状况和变化趋势。空气污染指数主要根据环境空气质量标准和各项污染物对人体健康和生态环境的影响,来确定污染指数的分级及相应的污染物浓度限值。

我国当前采用的空气污染指数(API)分为五级。API 值小于等于 50,说明空气质量为优,相当于达到国家空气质量一级标准,符合自然保护区、风景名胜区和其他需要特殊保护地区的空气质量要求。API 值大于 50 且小于等于 100,表明空气质量良好,相当于达到国家空气质量二级标准。API 值大于 100 且小于等于 200,表明空气质量为轻微或轻度污染,相当于达到国家空气质量三级标准;长期接触,易感人群病状有轻度加剧,健康人群出现刺激症状。API 值大于 200,表明空气质量较差,超过国家空气质量三级标准;接触一定时间后,对人体危害较大。空气污染指数一览表如表 3 所示。

表 3 空气污染指数一览表

空气污染指数 API	空气质量级别	空气质量指数及表示颜色		对健康的影响	建议采取的措施
0-50	Ⅰ	优	绿色	空气质量令人满意,对公众健康没有危害。	各类人群可正常活动。
51-100	Ⅱ	良	黄色	空气质量可接受,某些污染物对极少数敏感人群健康有较弱影响。	极少数敏感人群应减少户外活动。
101-150	Ⅲ(1)	轻微污染	橙色	易感人群症状有轻度加剧,健康人群影响不大。	老人、儿童、呼吸系统等疾病患者减少长时间、高强度的户外活动。
151-200	Ⅲ(2)	轻度污染	红色	进一步加剧易感人群症状,会对健康人群的呼吸系统有影响。	儿童、老人、呼吸系统等疾病患者及一般人群减少户外活动。
201-300	Ⅳ	中度污染	紫色	心脏病和肺病患者症状加剧,运动耐受力降低,健康人群出现症状。	儿童、老人、呼吸系统等疾病患者及一般人群停止或减少户外运动。
>300	Ⅴ	重度污染	栗色	健康人群运动耐受力降低,有明显强烈症状,可能导致疾病。	儿童、老人、呼吸系统等疾病患者及一般人群停止户外活动。

目前,各个城市一般都在媒体上公布空气质量。表4列出了山东省济南市2015年10月9日的空气质量日报。

表4 济南各监测点的空气质量日报表——2015年10月09日

监测地点	API	空气质量状况	首要污染物	PM2.5浓度	PM10浓度
科干所	85	良	颗粒物(PM10)	51μg/m²	120μg/m²
农科所	89	良	颗粒物(PM10)	55μg/m²	128μg/m²
开发区	76	良	颗粒物(PM10)	32μg/m²	102μg/m²
济南化工厂	98	良	颗粒物(PM10)	48μg/m²	146μg/m²
省种子仓库	90	良	颗粒物(PM10)	34μg/m²	129μg/m²
市监测站	93	良	颗粒物(PM10)	45μg/m²	135μg/m²
长清党校	85	良	颗粒物(PM10)	42μg/m²	120μg/m²

从表4中我们可以解读出如下信息:2015年10月9日济南的上述监测点的API都在51~100之间,空气质量级别为Ⅱ,空气质量指数为良,空气质量情况可接受,某些污染物对极少数敏感人群健康有较弱影响,极少数敏感人群应酌情减少户外活动。

表5 全国部分城市空气质量日报表——2015年10月08日

排名	空气质量状况	城市	省份	API	PM2.5浓度
1	严重污染	喀什	新疆	401	181μg/m²
2	中度污染	自贡	四川	161	112μg/m²
3	中度污染	乐山	四川	154	117μg/m²
4	轻度污染	和田	新疆	139	80μg/m²
5	轻度污染	眉山	四川	136	102μg/m²
6	轻度污染	成都	四川	131	94μg/m²
7	轻度污染	那曲	西藏	121	78μg/m²
8	轻度污染	乌鲁木齐	新疆	113	67μg/m²
9	轻度污染	南阳	河南	105	75μg/m²
10	轻度污染	内江	四川	104	77μg/m²

表5是2015年10月8日全国部分城市空气质量日报表。根据此表,我们可以清楚地看到各城市空气的污染情况和主要污染物,既可以为专业部门控制污染提供依据,又可以让广大市民及时了解空气质量,提高其关心环境质量、

保护环境的意识。

绿色呼吸，关注 PM2.5

自 2014 年起，PM2.5 成为人们对空气质量的首要关注物，大口罩成了街头一道无奈的风景，老人、孩子的身心健康受到前所未有的威胁，居家陷入开窗通风和关窗避污的两难境地。

PM2.5，究竟为何物？

PM2.5，一种气溶胶颗粒物。气溶胶颗粒物的大小是粒子最重要的性质。按粒径大小，颗粒物分为总悬浮颗粒物（TSP）和可吸入颗粒物（PM10 和 PM2.5）。TSP 是指空气动力学直径小于或等于 100.0 μm 的颗粒物；PM10 是指空气动力学直径小于或等于 10.0 μm 的颗粒物；PM2.5 是指空气动力学直径小于或等于 2.5 μm 的颗粒物，也称可入肺颗粒物，其直径还不到人头发丝粗细的 1/20。它不是单一成分的粒子，而是由许多不同化学成分凝聚在一起的复杂而又多变的颗粒状污染物。PM2.5 虽然只是地球大气成分中含量很少的组分，但对空气质量和能见度等有重要影响。

PM2.5，来自何方？

PM2.5 的主要来源是人为排放。人类既直接排放 PM2.5，也排放某些气体污染物，这些气体污染物在空气中转变成 PM2.5。直接排放主要来自燃烧过程，比如化石燃料（煤、汽油、柴油）的燃烧、生物质（秸秆、木柴）的燃烧、垃圾焚烧等。在空气中转变成 PM2.5 的气体污染物主要有二氧化硫、氮氧化物、氨气和挥发性有机物。其他的人为来源包括道路扬尘、建筑施工扬尘和工业粉尘等。

PM2.5，危害多大？

PM2.5 的污染危害是广泛的，但主要体现在对人体健康的危害和对大气能见度的影响两个方面。

颗粒物进入人体，能引起人体疾病。颗粒物的粒径决定了人体什么部位能受到损伤，这是因为颗粒物粒径越小，颗粒物进入人体呼吸系统的部位就越深，甚至能够穿透肺泡进入人体血液循环系统影响心脏、大脑等重要器官，造成的危害也就越大。细颗粒物 PM1～2.5 可以进入支气管等下呼吸系统，更细的颗粒物 PM0.1～1 则能够进入肺部，超细颗粒物 PM0.1 能够穿透肺泡进入血液循环系统。颗粒物的化学成分是对人类健康造成危害的关键因素。颗粒物携带有毒重金属、硫酸盐、有机物，包括病毒、细菌在内的其他污染物，能直接进入人的呼吸道和肺部，影响肺部及其他器官健康。细颗粒气溶胶 PM2.5 因其粒径较小、比表面积较大，与粗颗粒物相比，更容易富集有毒物质。大量科学研究也表明,大气细颗粒物浓度在短期内小幅增加会提高呼吸系统疾病的死亡率,特别是可通过呼吸道进入肺泡,经血液循环到达其他器官,从而对人体呼吸系统和其他功能系统造成损害,其对人体健康的危害要远远超出粗颗粒物。

大气颗粒物不仅对人体健康造成严重的危害,同时也对全球气候、城市能见度造成很大的影响。不同成分的颗粒物对太阳辐射有着吸收或反射的作用,从而改变当地的温度,同时影响云的形成,改变局部水循环,造成局部地区天气恶劣。颗粒物对可见光具有散射、吸收和折射作用,从而降低城市能见度。

PM2.5,怎样消除?

消除PM2.5主要是去除固态污染物,目前常用的方法主要有机械过滤、静电集尘、静电驻极、负离子和等离子体法过滤等。其中,机械过滤、静电集尘、静电驻极为被动净化(过滤),只对经过过滤器材的空气进行过滤;负离子和等离子体法过滤为主动净化(过滤),净化器主动释放净化因子进行空气净化。

化学长廊

室内空气净化

空气净化是伴随着空气污染出现的。空气净化是指针对室内的各种环境问题提供杀菌消毒、降尘除霾、祛除有害装修残留以及异味等整体解决方案,改善生活条件和办公条件,增进身心健康。室内环境污染物和污染来源主要包括放射性气体、霉菌、颗粒物、装修残留、二手烟等。人们不甘心日夜呼吸污染的空气,催生着研究者马不停蹄地研发各类净化空气的工具——空气净化器。图2是某空气净化器广告图,从图中所示可以看出该空气净化器的诸多功能,这也警示着我们要关注室内空气的各类污染源。

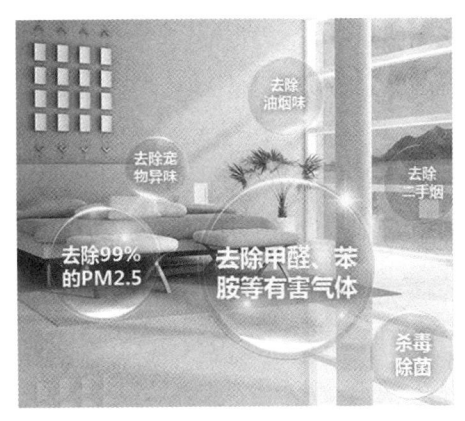

图2 某空气净化器广告图

主要污染源头

(1) 室内装饰

随着化工产业的大力发展,含有愈来愈多化工用品的建材用于室内,导致了一系列的室内空气污染,其中以复合板、PVC管以及PVC导线等最具有代表性。另外，还有一些包含有化工品的家具和装修装饰材料，这些材料主要产生的是有机化学污染，如甲醛、有机挥发物等。长期接触低剂量甲醛可引起慢性呼吸道疾病、女性月经紊乱、妊娠综合征，引起新生儿体质降低、染色体异常，甚至引发鼻咽癌。

氡气主要来源于湖畔放射性建筑材料，如花岗岩、水泥及石膏之类，特别是含有微量铀元素的花岗岩，易释放这种气体。高剂量的氡气，可使人致肺癌、白血病、皮肤癌及其他一些呼吸道病变。为防止氡气对人体的危害，居室应尽量少用花岗岩类做装饰材料，居住新房一定要勤开门窗，使空气流通。

(2) 烹调油烟

我们日常食用的植物油通常是二级油，炒菜时当油温在110 ℃左右，油面平静无油烟冒出；达到130 ℃时生油味虽被去除，油酸却发生氧化反应，生成一系列挥发性化学物质，油中所含脂肪酸和脂溶性维生素遭到不同程度的破坏，蛋白质变成高分子聚合物；当油锅温度达150 ℃时有青烟冒出；200 ℃以上时青烟较多，由于油中甘油热解失水，有辛辣味的丙烯醛类物质逸出，会使人有咽喉干燥、眼睛发涩、鼻痒和分泌物增多的感觉，一些人甚至如同饮酒一般产生醉意，有过敏性哮喘或肺气肿者可诱发气喘咳嗽。

油温越高，分解的产物越复杂，当锅中油被烧到起火时，温度超过300 ℃，除产生丙烯醛外，还产生一种二烯类凝聚物，可导致慢性呼吸道炎症，并使细胞突变致癌。我们日常生活中，抽油烟机的集油杯中的深褐色黏稠液中就含有此类对人体有害的裂解产物。

(3) 日用化学品

现在许多日用品中也含有有害化学成分。这些化学品可以分为两大类：房间保养品和个人保养品。房间保养品包括杀虫剂、各种清洁用品等。个人保养品包括香水等。此外，某些消费品（如报纸、杂志等）也会造成室内污染。

(4) 室内办公设备

随着信息产业的到来，愈来愈多的电子产品和设备应用于办公室和居室，给人们的生活带来极大的便利。但是，这些产品和设备会释放有害物到室内空气中，影响室内空气质量。

(5) 微生物污染

由于室内温度和湿度较高以及密封性较好、空调使用、通风不良等因素，室内环境中易于滋生尘螨等微小生物及其排泄物，军团菌、放线菌等细菌，曲霉菌、葡萄状毛霉菌等真菌，某些具有生物活性的细小颗粒，如动物皮屑、粪便颗粒等生物变态反应原，会造成室内微生物因素污染。

空气净化技术

（1）吸附净化法

利用污染物分子与吸附分子之间的物理作用，使得污染物在吸附剂表面富集，以达到去除污染物的目的。经常使用的吸附剂有硅胶、活性氧化铝、活性炭、沸石分子筛等。

（2）光催化净化法

纳米二氧化钛在水和空气的体系中受到波长小于 388 nm 的紫外线照射时，生成氢氧自由基和活性氧，能与多数有机物发生反应，生成二氧化碳和水，因而在短时间内就能杀死细菌，消除恶臭、油污、有害气体等。

（3）负离子净化法

高压放电产生的负离子，可以吸附空气中的中性分子以及带正电的尘埃、病毒、细菌形成大分子而沉降下来，达到净化空气的目的，但是负离子发生器只是附着灰尘，并不能清除空气污染或将其排出室外。由于电压高，高压放电在产生大量负离子的同时，还会产生较多的臭氧和一氧化氮。负离子浓度过高时，还会对人体产生不良影响，因此，人们正在考虑将负离子功能与去污功能有机结合起来。

（4）臭氧净化法

即利用臭氧极强的氧化能力和灭菌性能净化空气，消除空气中的有害成分。臭氧使有害物质转化为无毒物质，而自身被还原成氧气和水，故在环境中不存在残留物，有效地避免了残留物造成的二次污染。

（5）静电过滤法

利用静电场使空气中的尘粒带电，然后利用集尘装置捕集带电尘粒，此方法也叫静电除尘法。其优点是：除尘速率高，可以净化较大气量。

（6）植物净化

植物净化大气污染的主要过程是持留和去除，持留过程涉及植物截获、吸附、滞留等，去除过程包括植物吸收、降解、转化、同化等，有的植物有超同化功能，有的植物具有多过程的作用机制。植物对污染物的吸附与吸收主要发生在地上部分的表面及叶片的气孔。

【参考文献】

1. 王登山《室内空气污染危害及其净化技术的探究》，《洁净与空调技术》2015 年第 6 期。

2. 农柳燕《室内空气污染的防治措施》，《广州化工》2015 年第 2 期。

3. 胡宏智《步入化学世界》，山东教育出版社 2000 年。

六　探秘水世界

在美丽的内蒙古大草原有一个"阿尔山宝泉"的故事流传至今：有个奴隶被凶残的王爷打伤双腿后，又被赶出了门。他在茫茫的大草原上爬呀爬呀，当他又饥又渴时，突然发现一处清澈的泉水，于是迫不及待地吮吸起来，并不时用泉水清洗疼痛的伤口，只觉疼痛渐渐减轻，几天后伤口竟奇迹般地愈合了。"宝泉"可以治病的神奇故事，便流传了起来。宝泉何以有此种神力？宝泉水中藏着什么特别的药物吗？生活中的矿泉水、纯净水、磁化水、苏打水以及其他功能水也有如此功效吗？它们有什么区别？下面，我们就来了解一下水世界的奥秘吧。

化学探秘

矿泉水

宝泉水其实是一种矿泉水，其内溶有大量矿物质，含有丰富的人体必需的元素，如钙、镁、钾等常量元素，也有锌、铜、锗、硒、钼、碘等微量元素，图2是某品牌矿泉水的成分说明。据研究，许多微量元素是酶的活性中心，是人体生化反应的催化剂。有些微量元素，如锌，能干扰病毒的复制能力，参与核酸、蛋白质的代谢过程，还有一个特殊功能——加速伤口愈合，所以被形象地称为生命元素。铜元素对人体也至关重要，它是生物系统中一种独特而又极为有效的催化剂，是30多种酶的活性成分，对人体的新陈代谢起着重要作用。锗能明显增强体内细胞，具有诱生干扰素的特殊本领，能促进自然杀伤病

图1　阿尔山天池

矿泉水组成成分 (mg/L)			
特征性含量：偏硅酸 (H_2SiO_2) 25.00~55.66　锶 (Sr) 0.09~0.286			
钾 K^+	1.00~3.00	硫酸盐 SO_4^{2-}	1.50~35.00
钠 Na^+	10.00~40.00	重碳酸盐 HCO_3^-	130.00~250.00
钙 Ca^{2+}	10.00~38.00	溶解性总固体	220.00~390.00
镁 Mg^{2+}	5.00~15.00	pH	7.10~7.90
氯 Cl^-	3.00~10.00	二氧化碳 CO_2	不含

图2　某矿泉水成分说明

毒细胞的增生。

泉水一般属于地下水，由于流经的地层不同，其组成含量也有很大差异，而且泉水中丰富的微量元素并非人体全部所需。因此，不是所有的天然矿泉水都能安全饮用或者具有神奇的功效。

图3 哑泉

《三国演义》中有一个著名的诸葛亮"七擒孟获"的故事。诸葛亮在第五次擒拿南王孟获时，率军南征至云南西洱河，遇到四口泉水，其中一口为哑泉。时逢天气炎热，人和马饮用了哑泉水后，全部中毒，将士们都说不出话来。哑泉之所以有毒，是由于泉水中溶解了对人体有害的矿物质所致。

哑泉所在的地区，地处云南东北部的金属矿带上，这里的地下岩层中含有丰富的银、铅、铜等金属矿。泉水在地下流动时，会溶解一些岩石矿物的化学成分，其中铜盐（硫酸铜）含量过高，而且水中还含有一些石膏微小结晶，这种石膏中含有较多的硫酸镁，导致人的声带和食道迅速脱水，短时间失声，从而使泉水成为对人体有害的"矿泉水"。

为了使人体能更有效、更合理地摄取矿泉水中的有益成分，化学家们根据人体内的平均元素组成及各地的不同情况，调节矿泉水中各元素的浓度配比，使之达到最佳比例，从而使"矿泉水"更好地为人类服务。

纯净水

由于部分天然水资源受到不同程度的污染，有的即使经过自来水厂的净化依然难以达到饮用标准。随着生活水平的提高，人们对饮用水的要求也日趋提高，许多人开始热衷于追求"更为纯净""没有任何污染"的水——纯净水。

纯净水简称净水或纯水，是纯洁、干净、不含杂质（如有机污染物、无机盐、添加剂和细菌）的水。纯净水的生产以符合生活饮用水卫生标准的水为原水，使用电渗析器法、离子交换器法、反渗透法、蒸馏法及其他适当的加工方法，生产过程有效地避免了各类病菌入侵。纯净水不含任何添加物，无色透明，可直接饮用，能有效安全地给人体补充水分。纯净水具有很强的溶解度，因此与人体细胞亲和力很强，有促进新陈代谢的作用，能有效排出体内有毒物质。市场上出售的太空水、蒸馏水均为纯净水。

那么，是不是饮用水越纯净越

好呢？

大家知道，人体为了维持正常的生理活动，需要各种各样的元素参与。例如，钙、磷帮助形成骨骼，钙能帮助维持心肌的正常收缩，镁对蛋白质的合成起着至关重要的作用，锌是参与人体免疫的重要微量元素。

人体所需的元素除了可以通过食物获得外，饮水也是获得各类有益元素的重要方式。过滤纯净水的逆渗透膜虽然有效地去除了水中的细菌等杂质，但也把水中对人体有益的微量元素过滤掉了。长期饮用纯净水，会导致人体微量元素缺乏，引起少年儿童发育不良，使老年人出现各种微量元素缺乏症等。

另外，长期饮用纯净水还可能导致体内铅含量超标。因为，钙和铅在人体中是竞争关系，一方增多，另一方就会减少；反之，一方减少，另一方就会增多。纯净水中没有钙，人体就会吸收大量的铅，从而导致人体内含铅量超标。

由此可见，长期饮用纯净水，对人的身体不一定好。

磁化水

除了矿泉水、纯净水，目前还有一种方兴未艾、用来治病的水，人称磁化水。据临床试验，磁化水在治疗尿路结石和胆结石方面总有效率达65%以上，在治疗多种疑难病症方面疗效也比较显著。

磁化水为什么可以治病呢？这还得从磁化水的制备原理上揭秘。

磁化水是水流过一种特制的磁化器而产生的。磁化器是一种流体磁化装置，外部为金属壳，两端为通过高密度精细机械加

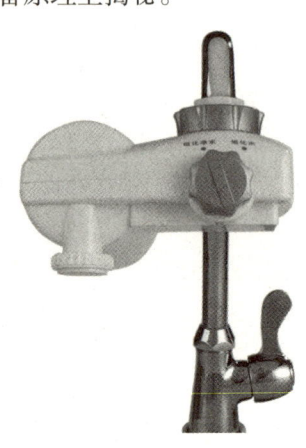

图4　安装在水龙头上的磁化器

工而成的螺帽，内部主要结构是一组经计算机仿真计算呈对称可对接组合、其内装有磁铁块的导磁层，将其置入模具中以软质塑料加以包覆，使磁铁块与导磁层形成被包覆的一体状态而构成一磁化单体，磁铁块之间形成的间隙为流水通道。

常态的水中，水分子内氢原子与氧原子之间通过共用电子对形成共价键，而共用电子对偏向氧原子、偏离氢原子，使氢的一边带微量的正电荷，氧的一边带微量的负电荷。根据正负相吸原理，氢原子与氧原子通过静电作用可形成氢键，从而使许多水分子通过氢键形成庞大的分子团，减弱水

分子的生物活性。在磁化作用下，一般水的物理性质、化学性质等都会发生一系列变化——水分子氢键被破坏，庞大的分子团被拆开，长链水分子变为短链水分子和单个水分子，水的表面张力提高，溶解钙盐、镁盐的能力增强，渗透压增高等。

人体内的结石，主要是矿物质中的钙质跟人体中的某些物质结合，产生的一种不溶于水的沉淀物，主要成分是碳酸钙和磷酸钙。磁化水可以渗入难溶固体的内部，这样，人体内的这种结石便不容易变硬、变大，有些结石甚至会逐渐破裂而被排泄出去。因此，长期饮用磁化水对人体结石症有一定的疗效。

磁化水在工业、农业、生活等领域也有广泛的应用。

在工业上，人们用磁场处理少量的锅炉用水，以减少水垢；建筑行业用磁化水搅拌混凝土，大大提高了混凝土强度。

在农业上，用磁化水浸种育秧，能使种子出芽快、发芽率高，使幼苗具有株高、茎粗、根长等优点；用磁化水灌田，可使土质疏松，加快有机肥分解，刺激农作物生长。

在日常生活中，用经过磁化的洗衣粉溶液洗衣服，可把衣服洗得更干净。

另外，也有研究者证明，磁化水的含氧量比天然水高，有利于各器官对氧的需要，并能加速新陈代谢，具有消炎、止痛、杀菌、提高人体免疫功能的作用。但根据中华人民共和国国家卫生和计划生育委员会（卫生部）2005年第10号公告，涉水产品不得宣称有保健作用，而且，目前暂无磁化水对生物有益的权威科学证明。

苏打水

苏打水，也叫弱碱性水，可以天然形成，也可以通过机器或者用弱碱泡腾片、苏打泡腾片快速溶解而成。为了增加饮用口感，常添加甜味剂和香料，做成各种口味。

人工制得的苏打水，主要添加成分是碳酸氢钠，其水溶液具有弱碱性。碳酸氢钠就是我们说的小苏打，也叫面起子，分子式为$NaHCO_3$。天然苏打水除含有碳酸氢钠外，还含有多种微量元素，因此是上好的饮品。

苏打水中的碳酸氢钠能中和胃酸、强化肠胃吸收、健胃，有助于缓解消化不良和便秘症状。如果胃酸分泌较少，长期饮用苏打水则会造成伤害。

对于现在流行的酸碱体质的问题，不少人有这样的疑问：饮用呈弱碱性的苏打水，是否可以改变人体pH和酸性体质呢？答案是否定的。

正常人体血液pH的范围是7.35～

7.45，呈弱碱性。此 pH 并不容易改变，相对比较稳定，这一现象称为酸碱平衡。胃液的 pH 为 0.9～1.5，呈酸性。健康人饮水后，水经胃进入肠道，继而大部分在肠道中被吸收，少量在胃中被吸收。整个过程包括阴阳离子的置换和转运、pH 的调节、代谢物的排泄以及营养素的吸收等。肾脏和肠道本身会对酸碱进行调节，以维系体内酸碱平衡。

"胃肠道通过其自身的调节功能，会很快将进入体内的弱碱性苏打水的 pH 调节至机体内环境的 pH。"研究者强调。因此不管饮用苏打水，还是普通的矿泉水、凉开水等，都不会改变人体 pH，更别说改变酸性体质了。因此目前，尚无任何证据证明正常健康人饮用苏打水具有保健、平衡机体内酸碱度的作用。

化学长廊

生活饮料面面观

市场上的饮料种类越来越多，但是各种饮料所含的成分和营养各不相同。我们有必要了解一下各类饮料的特点，来帮助我们科学正确地选择各类饮料！

碳酸饮料

碳酸饮料是在经过纯化的饮用水中压入二氧化碳，并添加甜味剂和香料的饮料。其中又分：果汁型，即原果汁含量不低于 2.5% 的碳酸饮料（如橘汁汽水、菠萝汽水等）；果味型，以食用香精为赋香剂，原果汁含量低于 2.5% 的碳酸饮料（如橘子汽水、柠檬汽水等）；可乐型，含有可乐果、白柠檬、月桂、香精、焦糖色素或其他类似辛香的果香混合香气的碳酸饮料（如可口可乐汽水）；其他型，除上述三种类型以外的碳酸饮料（如苏打汽水、盐汽水等）。碳酸饮料，除含糖分外，其他营养成分很少或并无其他营养成分，但因含二氧化碳，可助消化，并能促进体内热气排出，使人产生清凉爽快的感觉，补充水分的效果也较好。

果汁饮料

用成熟适度的新鲜或冷藏果实为原料，经机械加工所得的果汁或混合果汁类制品，或进一步加入糖液、酸味剂等配料所得的制品，其成品可直接饮用或稀释后饮用。这类饮料还分为原果汁、鲜果汁、浓缩果汁和果汁糖浆等。果汁饮料是营养丰富、容易消化的理想饮料，且由于含有丰富的有机酸，可刺激胃肠分泌，助消化，还可使小肠上部呈酸性，有助于钙、磷的吸收。但也因果汁含有一定水分，不稳定，易发酵、生霉，因此要特别注意此类饮料的保质期和保存条件等，符合卫生质量者方可饮用。

蔬菜汁饮料

一种或多种新鲜蔬菜汁（或冷藏蔬菜汁）、发酵蔬菜汁加入食盐或糖等配料，经脱气、均质及杀菌后所得的各种蔬菜汁制品，即为蔬菜汁饮料，具有一定的营养。

含乳饮料

含乳饮料大致可以分为两类：其一，以鲜乳或乳制品为原料，加入糖、果汁（或水、可可、咖啡）、食用香精及着色剂等配料得到的乳饮料；其二，鲜乳或乳制品用乳酸菌或酵母发酵，加入糖、食用香精等配料而制得的糊状或液状制品，并以此为原料加水稀释的饮料。含乳饮料有一定的营养价值，但营养价值远低于纯牛奶或纯酸奶。

植物蛋白饮料

大豆经纯化、研磨、去残渣，加入（或不加入）风味剂（糖类、乳、咖啡、可可、果蔬汁液、着色剂和食用香精等），经杀菌、脱臭、均质等后制得的饮料。因含有植物蛋白等营养，此饮料具有豆乳制品的特有风味。

运动饮料

这是针对体育运动而研制的一种饮料，可补充人体因激烈运动流汗所失掉的钠、钾、镁和碳水化合物，缓解因疲劳和体温上升所造成的消耗。这种饮料也适用于劳动强度大的工种，以及炎热夏天流汗较多的人员。

固体饮料

以糖（或不加糖）、果汁（或不加果汁）、植物抽提物及其他配料为原料，加工制成粉末状、颗粒状或块状的经冲溶后饮用的制品，如速溶咖啡、麦乳精、菊花晶、夏桑菊冲服液及凉茶类固体饮料。此类饮品携带方便，适用于保存，冲服简便，别具风味。

含醇饮料

较多见的有啤酒及汽酒（含3～5度酒精度）等。啤酒分为鲜啤酒和熟啤酒。啤酒是以麦芽为主要原料，以大米、小米等为辅料，加入啤酒花，经酵母发酵而成的饮料。因麦芽含有丰富的蛋白质，经过糖化变成氨基酸，可直接被吸收；糖发酵生成酒精和二氧化碳，有助于消化和帮助机体散发热量；啤酒花有抑菌、利尿及镇静作用。

不能喝的水

人不能缺水，但也不是所有的水都有益于健康。以下是四种日常生活中不能喝的水。

老化水

俗称"死水"，也就是长时间贮存

图5　不能喝的水

不动的水。常饮用这种水,对未成年人来说,会使细胞新陈代谢明显减慢,影响身体生长发育;中老年人则会加速衰老;许多地方食道癌、胃癌发病率日益增高,可能与长期饮用老化水有关。老化水中的有毒物质也随着水贮存时间的增加而增加。

千滚水

千滚水就是在炉上沸腾了很长时间的水,还有电热水器中反复煮沸的水。这种水因煮沸时间过久,水中不挥发性物质(如钙、镁等金属成分和亚硝酸盐)含量增高。久饮这种水,会干扰人的胃肠功能,出现暂时腹泻、腹胀症状;有毒的亚硝酸盐还会造成机体缺氧,严重者会昏迷,甚至死亡。

蒸锅水

蒸锅水就是蒸馒头等的剩锅水,特别是经过多次反复使用的蒸锅水,亚硝酸盐浓度很高。常喝这种水,会引起亚硝酸盐中毒;水垢经常随水进入人体,还会引起消化、神经、泌尿和造血系统病变,甚至引起早衰。

重新煮开的水

有人为了节约,习惯把热水瓶中的剩余温开水重新烧开再喝,但是水烧了又烧,使水分再次蒸发,亚硝酸盐浓度会升高。常喝这种水,亚硝酸盐会在体内积聚,引起中毒。

【参考文献】

1. 缑汴玲《学生身边的化学:从教材到生活》,大象出版社2006年。

2. 张爱芸《化学与现代生活》,郑州大学出版社2009年。

七 从死亡之神到生命之源的蜕变

一艘远洋海轮在一次远洋航行中不幸触礁,沉没在汪洋大海里。船长带领幸存下来的船员拼死登上一座孤岛。接下来的情形更加糟糕,岛上除了石头还是石头,没有任何可以用来充饥的东西。更为可怕的是,在烈日的暴晒下,每个人都口渴得难以忍受,水成了最珍贵的东西。

船员们眼睁睁地看着浩瀚的海水,谁都知道那是海水,根本不能喝。他们唯一的生存希望是等到下雨或有过往船只发现他们。尽管船长尝试着发送各种求救信号,但是没有任何船只经过这个寂静的海岛,而且也没有下雨的迹象。渐渐地,大家接近了体力的极限。有两个船员实在忍不住了,挪到海边喝下了海水。

几天后,一艘军舰捕捉到求救信号,来到这座小岛,包括船长在内所有人都已经奄奄一息。经过抢救,除了喝下海水的两个船员,其余人都活了下来。

水是生命之源,而此时的海水却成了死亡之神。在全世界都频发淡水缺乏信号的今天,如何将这浩瀚的"死亡之神",驯化成"生命之源",即实现海水淡化,成了许多科学家不断深入探索的重要课题。

图1

化学探秘

蒸馏法海水淡化

蒸馏是将海水中的水分离提取出来的海水淡化法。原理是:将海水汽化,然后冷凝收集,获得淡水,海水中的其他矿物质元素等均留在母液中。目前常用的蒸馏法包括多级闪蒸、低温多效蒸馏和压汽蒸馏。

多级闪蒸海水淡化

多级闪蒸是多级闪急蒸馏法的简称,成熟于20世纪60年代初,是目前应用较广的淡化技术。

多级闪蒸是利用闪蒸原理进行海水淡化的工艺过程。所谓的闪蒸，是指将热原料水引入到一个压力较低的空间内，由于环境压力低于受热原料水的温度所对应的饱和蒸气压，此时原料水成为过热水而急速地部分汽化，产生蒸汽，经冷凝而变成淡水。多级闪蒸海水淡化就是将原料海水加热到一定温度后依次流经若干个压力逐渐降低的闪蒸室，逐级蒸发，逐级降温，直到其温度接近天然海水温度，所产生的蒸汽冷凝后即为所需的淡水。

多级闪蒸工艺如图2所示。

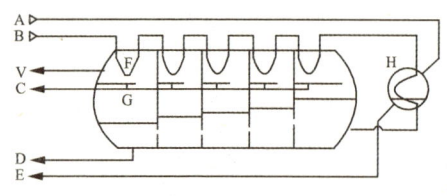

图2 多级闪蒸示意图

A—加热蒸汽；B—进料海水；C—产品淡水；D—浓盐水排放；E—蒸汽排放；F—热交换器；G—冷凝水收集器；H—加热器；V—抽真空系统

多级闪蒸淡化装置适合于大型和特大型海水淡化工厂，并可以与热电厂建在一起，利用热电厂的余热加热海水，水电联产可以大大降低生产成本。不足之处是：设备较庞大，海水循环量大，造水比较低，浓缩率较低。

低温多效蒸馏

低温多效蒸馏海水淡化技术，其中盐水的最高蒸发温度低于70 ℃。其特征是将一系列的水平管喷淋降膜蒸发器串联起来，输入一定量的蒸汽，通过多次蒸发和冷凝，后面一效的蒸发温度均低于前面一效，从而得到多倍于蒸汽量的蒸馏水的淡化过程。低温多效蒸馏脱盐工艺如图3所示。

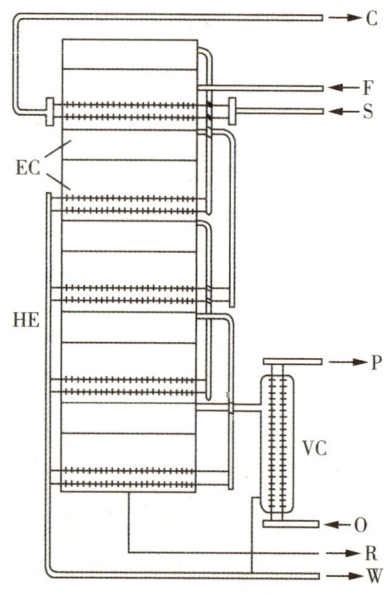

图3 低温多效蒸馏脱盐系统示意图

F—进料海水；S—加热蒸汽；C—蒸汽排放；W—产品淡水；R—浓盐水排放；O—冷却水；P—冷却水出口；VC—末级冷却器

进料海水在排热冷凝器中被预热和脱气，之后被分成两股物流：一股物流作为冷凝液排弃并排回大海，另外一股物流变成蒸馏过程的进料液。

进料液在加入阻垢分散剂之后被引入到热回收段各效温度最低的一组中。喷淋系统把料液喷淋分布到各蒸发器中的顶排管上,在沿顶排管向下以薄膜形式自由流动的过程中,一部分海水由于吸收了在蒸发器内冷凝蒸汽的潜热而汽化。被轻微浓缩的剩余料液用泵打入到蒸发器的下一组中,该组的操作温度要比上一组高一些,在新的组中又重复了蒸发和喷淋过程。剩余的料液接着往前打,直到最后在温度最高的效组中以浓缩液的形式离开该效组。

这种蒸发和冷凝过程沿着一串蒸发器的各效一直重复,每效都产生了相当数量的蒸馏水,最后一效的蒸汽在排热段被海水冷却液冷凝。如此产品水呈阶梯状流动并被逐级闪蒸冷却。放出的热量提高了系统的总效率,被冷却的蒸馏水最后用水泵抽出并输入到储液罐中。

这样生产出的产品水是完全的纯水,它不含任何污染物,平均含盐量小于 $2 \times 10^{-3}\%$。如果安装两级捕沫网,产品水盐含量可小于 $5 \times 10^{-4}\%$。

低温多效蒸馏海水淡化技术,利用电厂、化工厂或是由化工厂的低品位余热,生产纯度极高的蒸馏水($<1 \times 10^{-3}\%$),以作为锅炉的补充用水、生产过程的工艺用水或者大规模的市政供水。与传统的多级闪蒸相比,它具有设备一次性投资低、热电消耗低、操作温度低、传热效率高、操作弹性大、装置的安全性好等诸多优点,特别适合于利用低品位余热的大中型海水淡化使用。此技术由于节能,近年发展迅速,装置的规模日益扩大,成本日益降低。

压汽蒸馏

压汽蒸馏是海水预热后,进入蒸发器并在蒸发器内部分蒸发。所产生的二次蒸汽经压缩机压缩提高压力后引入到蒸发器的加热侧。蒸汽冷凝后得到淡水,如此实现热能的循环利用。用电或蒸汽驱动,也属于最省能的淡化方法之一,但规模一般不大。

冷冻法海水淡化

冷冻法海水淡化即冷冻海水使之结冰,在液态淡水变成固态冰的同时盐被分离出去。采用冷冻法脱盐工艺淡化海水时,只有水分子本身附着于冰晶体之上,而盐分子仍存留于溶液之中。海水部分冻结而形成冰块,洗淋掉冰块表面含盐分的咸水,重新融化冰块便可获得淡水。

冷冻法海水淡化可分为自然冷冻法和人工冷冻法两大类。自然冷冻法是利用冬季海水自然冷冻结冰,取冰融化而得淡水。此法的优点是无须消耗能量和特殊设备,而且产量很大,可以因地制宜加以采用，缺点是受季节及地区限制。

人工冷冻法是通过人工降温或减压等方式，使海水冷冻结冰，从而分离固体冰块获得淡水。此法的优点是可以根据需要随时随地选址建厂，实现淡水资源的实地配置；缺点是耗能较大，需要一定的特殊设备。

冷冻法海水淡化工艺中的关键性技术问题在于，在实际工作中，要控制冰晶的结晶速度和结晶条件，使其生成和析出易于分离和纯度较高的冰晶。一般尽可能控制结晶罐的过冷却度（过冷温度与冰点的差值）在 0.1 ℃左右，配合其他的操作条件，可得到形状规则、直径约为 1 mm 的粒状冰晶。这样的粒状冰晶颇为纯净，且可给分离、洗涤和融化成淡水等后续工序带来不少方便。

冷冻法海水淡化的优点为：(1) 能耗低。冰的融化热为 334.4 kJ/kg，仅是水的汽化热（水在 100 ℃时为 2 257.2 kJ/kg）的 1/7，所以冷冻法海水淡化过程本身所需能量要比蒸馏法低得多。(2) 设备投资省。冷冻法中大部分热量是在浓海水与蒸发的冷冻剂之间或是冰晶与凝结的冷冻剂蒸气之间直接传递，因此可以省去大量热交换设备，其设备费用远远低于蒸馏法的设备费用。(3) 腐蚀与结垢较轻。冷冻法是在低温下操作，对所用材料的腐蚀很轻，所以可以应用软钢、塑料及铝合金等廉价的结构材料。(4) 污染较轻。排出的腐蚀生成物大大减少，从而避免了污染环境，如对海洋生物有致命危害的铜就可大大减少。

冷冻法海水淡化的缺点为：(1) 从冷冻过程中除去热量要比加热困难得多，为了除去妨碍冰结晶生成的热量，必须尽可能地扩大传热界面，致使设备体积较大；(2) 结晶的输送困难，在输送过程中，小冰晶有可能长大，堵塞管道；(3) 冰晶的分离洗涤也有一定难度，必须消耗部分产品淡水，用来洗涤冰结晶，才能保证产品水质；(4) 冷冻淡化后的海水含盐量仍然很高，需用其他方法进一步脱盐后才能达到饮用水水质要求。

反渗透法海水淡化

反渗透法淡化海水是利用只允许溶剂透过、不允许溶质透过的半透膜，将海水与淡水分隔开。在通常情况下，淡水通过半透膜扩散到海水一侧，从而使海水一侧的液面逐步升高，直至一定的高度才停止，这个过程为渗透。此时，海水一侧高出的水柱静压称为渗透压。如果在含盐的一侧外加一个压力，使之大于膜两侧的渗透压力差，迫使水从高浓度溶液中析出并透过膜进入低盐浓度溶液，这就是反渗透原理。

反渗透海水淡化系统如图4所示，由4个主要部分构成：（1）预处理；（2）高压泵；（3）膜组件；（4）后处理。其中，预处理是对进料海水进行处理，通常包括去除悬浮固体、调节pH、添加临界隐蔽剂以控制碳酸钙和硫酸钙结垢等，目的都是为了保护膜。高压泵用于对进料海水加压，使之达到适合于所用膜和进料海水所需要的压力。膜组件的核心是半透膜，它截留溶解的盐类，而允许几乎所有不含盐的水通过。后处理主要是进行稳定处理，包括pH调节和脱气处理等。

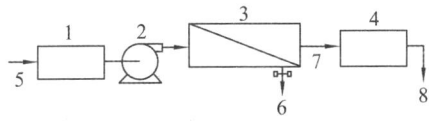

图4 反渗透法示意图

1—预处理；2—高压泵；3—膜组件；4—后处理；5—进料海水；6—浓盐水；7—淡水；8—产品水

反渗透法具有占地少、建造周期短、操作简单、相对投资小、能耗相对较低和启动运行快等特点，同时还具有无相变、节省能源、适用于海水和苦咸水淡化等特点。

海水淡化过程中需要的能源可以用太阳能或核能来提供。例如，直接利用太阳能或核能加热海水使其表面蒸发汽化，冷凝后得到淡水；或利用太阳能或核能作为热源，采用多效蒸馏工艺进行海水淡化；或利用太阳能或核能产生一定压力的蒸汽作为海水反渗透装置的动力进行海水淡化。

化学长廊

日光蒸馏器

水是沙漠里最宝贵的自然资源，假如你一个人迷失在沙漠里且此时没有足够的水喝，该如何利用沙漠里的资源自制淡水呢？

为了获取可饮用的淡水，可在相对潮湿的地面挖一个直径1.5 m、深1 m的沙坑，上面覆盖一层透明洁净的塑料薄膜，四周用石块或沙子压牢，在塑料薄膜中间放一块小石头，使之呈漏斗状。在这个漏斗状的薄膜尖端下面预先放一个接水的容器，这样就制成了一个日光蒸馏器（图5）。

图5 日光蒸馏器

阳光透过塑料膜使沙坑中的水蒸发，水蒸气遇到塑料膜结成水滴，顺着漏斗状的塑料膜滴入容器中。据实验表明,用这种简单的蒸馏法每天可产生约 1.5 L 淡水。

蓝色宝藏

地球上的海水共约 $1.37 \times 10^9 \text{ km}^3$,其主要成分是淡水,约占 96.5%,达 $1.32 \times 10^9 \text{ km}^3$;无机盐类约占 3.5%,总储量约 $5 \times 10^8 \text{ t}$。

海水是一种具有复杂组成的液体矿藏。海水中的化学元素,主要以离子形式存在,在海水浓缩、结晶过程中,以盐的形式析出。地球上已发现存在着 100 多种化学元素,海水中目前已分析发现的化学元素就有 80 多种。海水中溶解的物质主要是氯化钠,其次是硫(以硫酸盐形式存在)、镁、钙、钾、碳(以二氧化碳形式存在)、溴、硼(以硼酸形式存在)、锶和氟,这 11 种主要元素占海水含盐量的 99% 以上,其中氯化钠的储量最高,占 80% 以上,约 $4 \times 10^8 \text{ t}$,其他元素含量甚微,但因海水体积巨大,故其储量也相当可观。

例如,1 km³ 海水中约含有 $3.5 \times 10^7 \text{ t}$ 固体物质,若将其全部提取出来,可以生产淡水 $9.94 \times 10^8 \text{ t}$、食盐 $3.0 \times 10^7 \text{ t}$、镁的化合物 $2.37 \times 10^6 \text{ t}$、硫酸钙 $2.44 \times 10^6 \text{ t}$、硫 $9.00 \times 10^5 \text{ t}$、氯化钾 $8.25 \times 10^5 \text{ t}$、溴 $6.7 \times 10^4 \text{ t}$、硼砂 $4.5 \times 10^4 \text{ t}$、硫酸锶 $3.04 \times 10^4 \text{ t}$、银 280 kg、金 10 kg 等,总价值约 1 亿美元。海水中所含各种元素的数量见表 1,海水中的盐类主要成分见表 2。

表 1 海水中所含各种元素的数量表

元素名称	元素浓度 (g/t)	元素总量 (t)	元素名称	元素浓度 (g/t)	元素总量 (t)
氧 (O)	857000	1.174×10^{15}	钒 (V)	0.002	2.74×10^9
氢 (H)	108000	1.18×10^{15}	锰 (Mn)	0.002	2.74×10^9
氯 (Cl)	19000	26×10^{15}	钛 (Ti)	0.001	1.37×10^9
钠 (Na)	10500	14×10^{15}	锑 (Sb)	0.0005	0.68×10^9
镁 (Mg)	1290	1.8×10^{15}	钴 (Co)	0.0005	0.68×10^9
硫 (S)	855	1.19×10^{15}	铯 (Cs)	0.0005	0.68×10^9
钙 (Ca)	400	0.55×10^{15}	铈 (Ce)	0.0004	0.55×10^9
钾 (K)	380	0.5×10^{15}	钇 (Y)	0.0003	4.1×10^8
溴 (Br)	67	0.095×10^{15}	镧 (La)	0.0003	4.1×10^8
碳 (C)	28	0.035×10^{15}	氪 (Kr)	0.003	4.1×10^8
锶 (Sr)	8	11000×10^9	氖 (Ne)	0.0001	137×10^6
硼 (B)	4.6	6400×10^9	镉 (Cd)	0.0001	137×10^6
硅 (Si)	3	1100×10^9	钨 (W)	0.0001	137×10^6
氟 (F)	1.3	1780×10^9	氙 (Xe)	0.001	137×10^6
锕 (Ac)	0.6	820×10^9	锗 (Ge)	0.00007	96×10^6

七 从死亡之神到生命之源的蜕变

(续表)

元素名称	元素浓度（g/t）	元素总量（t）	元素名称	元素浓度（g/t）	元素总量（t）
氮（N）	0.5	860×10^9	铬（Cr）	0.00005	68×10^6
锂（Li）	0.18	247×10^9	钍（Th）	0.00005	68×10^6
铷（Rb）	0.12	164×10^9	银（Ag）	0.00004	56×10^6
磷（P）	0.1	96×10^9	钪（Sc）	0.00004	56×10^6
碘（I）	0.06	82×10^9	铅（Pb）	0.00003	41×10^6
铟（In）	0.02	27×10^9	汞（Hg）	0.00003	41×10^6
钼（Mo）	0.01	13.7×10^9	镓（Ga）	0.00003	41×10^6
铁（Fe）	0.01	13.7×10^9	铋（Bi）	0.00002	27.4×10^4
锌（Zn）	0.005	7.0×10^9	铌（Nb）	0.00001	13.7×10^4
硒（Se）	0.004	5.5×10^9	铊（Tl）	0.00001	13.7×10^4
铀（U）	0.0033	4.5×10^9	氦（He）	0.000005	6.8×10^4
锡（Sn）	0.003	4.1×10^9	金（Au）	0.000004	5.5×10^4
铜（Cu）	0.003	4.1×10^9	铍（Be）	0.0000006	8.2×10^4
砷（As）	0.003	4.1×10^9	镤（Pa）	2×10^{-9}	2740
镍（Ni）	0.002	2.74×10^9	镭（Ra）	2×10^{-10}	137
钡（Ba）	0.002	2.74×10^9	氡（Rn）	2×10^{-15}	8.2×10^{-4}
铝（Al）	0.002	2.74×10^9			

表2 海水中的盐类主要成分

盐类名称	含量（%）
氯化钠（NaCl）	2.348
氯化镁（$MgCl_2$）	0.498
硫酸钠（Na_2SO_4）	0.392
氯化钙（$CaCl_2$）	0.110
氯化钾（KCl）	0.066
碳酸氢钠（$NaHCO_3$）	0.019
溴化钾（KBr）	0.010
硼酸（H_3BO_3）	0.003
氯化锶（$SrCl_2$）	0.002
合计	3.448

因此，海水是一个巨大的化学资源宝库，但是要充分开发利用海水中的化学资源并不容易，因为海水是个化学成分复杂的高盐体系，大多数元素浓度较低或很低，不仅分离、富集和分析技术难度大，而且开发成本高于陆地。目前，得到利用的只不过是食盐及镁、溴、铀等元素。从目前研究的提取方法和技术来看，如何制备或合成出有效而实用的吸附剂，仍然是海水化学资源提取技术研究中的一个关键问题。此外，还要研究综合利用技术，才能形成广泛的实用性技术。但可以相信，随着海水资源开发利用技术的进步，海水将成为开发多种物质的液体矿藏。

【参考文献】

1. 王颖《中国海洋地理》，科学出版社2013年。

2. 乔世珊等《海水淡化技术及应用》，中国水利水电出版社2007年。

3. 张瑞娜、曾彤、赵由才《饮用水安全与人们的生活——保护生命之源》，冶金工业出版社2012年。

4. 《中国海岸带和海涂资源综合调查报告（资料汇编）》，海洋出版社1991年。

八 性格迥异的碳氏三兄弟

碳原子是我们极其熟悉的微粒之一，提到"碳"这个名词的时候，你首先想到的是什么？是不小心粘在手上洗不掉的黑色粉末，铅笔里滑滑的石墨笔芯，还是女士颈上闪闪发光的钻石？其实这些都是碳氏家族的同胞兄弟，它们都主要由碳元素组成，被称为同素异形体。

你是不是感觉更奇怪了？似乎怎么也无法把黑乎乎的铅笔芯和亮闪闪的钻石联系起来，同胞兄弟的差别怎么这么大呢？它们各自有哪些性格脾气？让我们一起走近这性格迥异的碳氏三兄弟，来了解一下吧。

化学探秘

神通广大的活性炭

1915 年，第一次世界大战期间，西方战线的德法两军正处在相持状态。德军为了打破僵局，在 4 月 22 日，突然向英法联军使用了可怕的新武器——化学毒气氯气 18 万千克，英法士兵当场死了 5 000 多人，受伤的有 15 000 多人。

有"矛"必然就会发明"盾"，有化学毒气必然就会发明防毒武器。两个星期后，军事科学家就发明了防护氯气毒害的武器。他们给前线每个士兵发了一种特殊的口罩，这种口罩里有浸过硫代硫酸钠和碳酸钠溶液的棉花。这两种药品都有除氯的功能，能起到防护的作用。

可是，如果敌方并不总是使用氯气，而改用另一种毒气，这种口罩就无能为力了。事实也是如此，在使用氯气后还不到一年，敌方已经用过几十种不同的化学毒气。所以，必须找到一种能

图 1 精美的炭雕

使任何毒气都会失去毒性的物质才行。这种万能的解毒剂在 1915 年末就被找到了，它就是活性炭（图 2）。

大家知道，把木材隔绝空气加强热可以得到木炭。木炭是一种多孔性物质，多孔性物质

图 2　活性炭

的表面积必然很大。物质的表面积越大，它吸附的其他物质的分子也就越多，吸附作用也就越强烈。如果在制取木炭时不断地通入高温水蒸气，除去黏附在木炭表面的油质，使内部的无数管道通畅，那么木炭的表面积就会更大。经过这样加工的木炭，叫作活性炭。活性炭比木炭有更强的吸附作用。

那么，活性炭的眼睛为什么那么雪亮，能抓住毒气而放过氧气、氮气呢？

原来，活性炭的吸附作用同被吸附的气体的沸点有关。沸点越高的气体（即越容易液化的气体），活性炭对它的吸附量越大。要知道，军事上使用的大多数化学毒气的沸点都比氧气、氮气高得多。

千万不要以为活性炭只用在防毒面具里，它还有许多其他用途。在自来水工厂里，如果水源有臭味，只要让水流过活性炭后就不臭了。你也许会说自来水仍然有股味，那是氯气的气味，因为自来水常用氯气来消毒。在制糖厂里，工人们往红糖水里加一些活性炭，经过搅拌和过滤，可以得到无色的糖液，再减压蒸发水分，红糖就变成晶莹的白糖了。现代家庭的金鱼缸里，有不少装着电动水泵，让水循环通过滤清器，在滤清器里，也用活性炭去吸附水中的臭味和杂质。

铅笔芯的秘密

铅笔能写字作画，且保存时间特别长。那么，铅笔芯是铅做的吗？500 多年前的铅笔芯确实是用铅做的，但是用铅做的笔芯写字并不太清楚，并且铅是一种有毒的重金属。我们现在用的铅笔，笔芯是用一种叫作石墨的物质做的。

在大自然中，存在着天然的石墨矿。石墨矿物呈铁黑或钢灰色，

图 3　石墨

条痕光亮，是一些古代的树木，由于地壳运动被埋到地下，在地下受到高压慢慢形成的。图 3 展示的就是从石墨矿中开采出的石墨晶体。可是天然石墨矿太

有限，迫使人们无法坐等大自然的恩赐，而主动向大自然索取。于是，人们发明了人造石墨的方法：把煤放在电炉里，通入强大的交流电，加热到两三千度，煤可以再结晶而变成石墨。

石墨是黑色的细鳞片状的晶体，是碳单质的一种存在形式，质软。石墨晶体具有典型的层状结构：同一层间的碳原子是以共价键结合，作用力大，比较稳定；不同层之间的碳原子以分子间作用力结合，作用力小，易产生层间滑动。因此，石墨可用于书写，也具有润滑的功能。生锈的锁打不开，在钥匙孔内加一点铅笔芯粉末，往往就能打开锈锁了。这就是应用了铅笔芯中石墨的润滑作用。

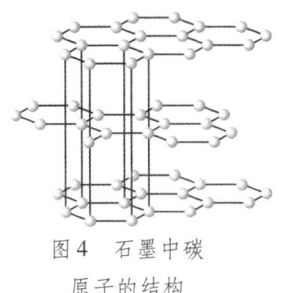

图4 石墨中碳原子的结构

铅笔芯有硬有软，有黑有淡，这是怎么一回事？如果你能注意铅笔杆上标注的符号，就不难总结出下面的规律：

6H、5H、4H、3H、2H、H、HB、B、2B、3B、4B、5B、6B

这里，H代表Hard（硬），B代表Black（黑）。铅笔芯如果只用石墨做原料，虽然很黑，但太软了，所以必须掺些黏土。黏土掺得越多，硬度越大，笔迹也就越淡。其中，HB铅笔芯含有50%以上的石墨，B前数字越大，表示石墨含量越多，字迹就越黑。中小学生书写用的铅笔多是HB，而5B、6B铅笔多用于画图画，5H、6H铅笔多用于多层复写。在铅笔厂里，工人们把石墨、黏土分别研细，然后混合，再加入适当辅助材料，揉成黑面团，在机器里像挤牙膏一样把它做成黑面条。黑面条烘干后，便成了铅笔芯。

石墨熔点很高，达3 000多度。作为润滑剂，它特别适用于在高温状态下工作的机器。因为在高温下，一般机油会分解，石墨却能"安然无恙"，能够继续发挥润滑作用。有一种轴承，它在成型时加进了石墨粉。这种轴承自带石墨，起润滑作用，能长期工作而不必加油润滑。这是多么巧妙的轴承设计啊。

俗话说"真金不怕火炼"，其实石墨才是更不怕火的东西。金子加热到1 377 ℃就熔化了，而石墨在3 500 ℃还不熔化。石墨在纯氧气里受热能燃烧，变成二氧化碳，但是在空气中，哪怕受到强热，也燃烧不起来。

石墨不怕火，你也可以亲自试一试。取铅笔芯一小段，放在火里长久加热，铅笔芯依然如故，书写起来也跟以前一样。一定注意，千万不要烫伤哦！

恒久远的钻石

"钻石恒久远,一颗永留传",人们常用钻石来表达长久纯净的爱。钻石的折射率非常高,色散性能也很强,经过琢磨以后,在光线的照射下,五光十色,十分迷人。钻石是世界上最美丽的宝石,有"宝石之王"的称号。据说几十年前英国女王结婚时,有一个大富翁送给她一颗重11.48克的钻石做贺礼,价格高达几十万!

图5 金刚石雕琢出的钻石

事实上,人们很早就认识到钻石的价值,并不惜代价寻求钻石。相传公元前350年,马其顿国王亚历山大东征印度,在一个深坑中发现了钻石,但深坑内有许多毒蛇守护着,这些毒蛇在数丈远的地方就能使人毙命。亚历山大想了很多办法都无济于事。后来,他命令士兵把羊肉扔进坑内,坑中的钻石就粘在羊肉上面,羊肉引来了秃鹰,秃鹰连羊肉带钻石吃进腹内飞走后,士兵再去跟踪追杀秃鹰,就得到了钻石。

毒蛇是上帝派来守护钻石的吗?与蛇共舞,其实靠的还是钻石的独特魅力。钻石的"前身"叫金刚石,也是一种由碳元素组成的矿物,与活性炭和石墨都是碳元素的同素异形体。金刚石有各种颜色,天然金刚石从无色到黑色都有,以无色的为特佳(图6)。它们可以是透明的,也可以是半透明或不透明的。许多金刚石带些黄色,这主要是由于金刚石中含有杂质。金刚石具有独特的荧光现象,受X光或紫外线的照射后会发光,特别是在黑暗的地方或夜里,会发出蓝、青、绿、黄等颜色的荧光。这些荧光吸引了许多有趋光性的昆虫飞来,昆虫又引来大量的青蛙,青蛙又招来许多毒蛇,环环相扣。这就是有金刚石的深谷中多毒蛇的原因。

图6 优质的金刚石原石

早在5 000年前,人类已经认识了金刚石。当然,古人发现金刚石的性质是十分偶然的。他们从沙漠里采来金刚石，在加工金刚石时，发现任何坚硬的石头或金属都不能在金刚石上刻出痕迹来，而金刚石却能毫不费力地刻画任何坚硬的石头或金属。因此，古人认识到金刚石是自然界中最硬的石头。金刚石的拉丁文名称的原意是"不可战胜的"，指的就是它的这一特性。

英国物理学家威廉·亨利·布拉格与威廉·劳伦斯·布拉格（父子）用X射线观察金刚石，研究金刚石晶体内原子的排列方式。他们发现，在金刚石晶体内部，每一个碳原子都与周围的4个碳原子紧密结合，形成一种致密的三维结构，如图7所示。正是这种致密的结构，使得金刚石具有很高的硬度。

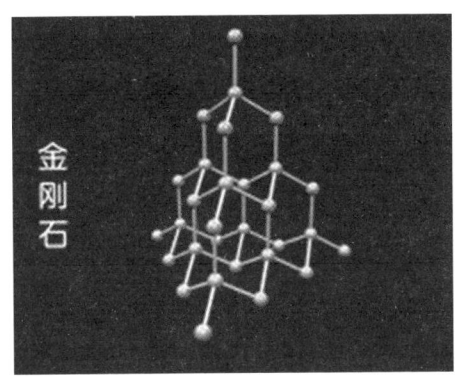

图7　金刚石中碳原子的结构

金刚石如此坚硬，这决定了它在工业上有很重要的用途。割玻璃用的刀，其实就是把一粒芝麻粒大小的金刚石，嵌在钢铁做成的刀基上做成的。在机械厂里，人们也用金刚石切削一些硬质合金。采矿用的钻探机钻头上，也有许多金刚石，有了它，钻头才能无坚不摧地向地下进军。在一些精密仪器中，金刚石常用来做轴承，保证仪器长期准确无误地转动。

化学长廊

足球烯

碳家族的同胞兄弟还有很多，足球烯也是非常著名的一位。

足球烯即 C_{60}，是一个由60个碳原子结合形成的稳定分子（图8），因其外形酷似英国式足球，而被称为足球烯，又因为巴克敏斯特·富勒在构化 C_{60} 的分子结构中起了关键作用，因此也被称为富勒烯。

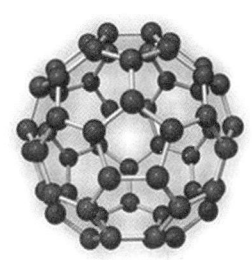

图8　足球烯中碳原子的结构

图9　巴克敏斯特·富勒

相关链接

巴克敏斯特·富勒（1895—1983），美国哲学家、建筑师及发明家。1967年富勒和赛道一起建造的加拿大蒙特利尔国际展览会美国馆，是一座结构与C_{60}的原子结构十分类似的球体建筑，为了纪念这位极具前瞻性的工程师，后来人们将C_{60}命名为富勒烯。

C_{60}在室温下为紫红色固态分子晶体，有微弱荧光。C_{60}具有金属光泽，有许多优异性能，如超导、强磁性、耐高压、抗化学腐蚀等，在光、电、磁甚至医疗等领域都有潜在的应用前景。

C_{60}常态下不导电。因为C_{60}大得可以将其他原子放进它内部，并影响其物理性质，因而不导电。然而掺杂碱金属的C_{60}有金属行为，如掺杂钾的C_{60}在18K时有超导行为，这是迄今最高的分子超导温度。

利用C_{60}独特的分子结构，可以将C_{60}用作比金属及其合金更为有效和新型的吸氢材料。每个C_{60}分子中都存在着30个碳碳双键，因此，把C_{60}分子中的双键打开便能吸收氢气。在控制温度和压力的条件下，可以简单地用C_{60}和氢气制成C_{60}的氢化物，它在常温下非常稳定，而在80℃~215℃时，C_{60}的氢化物便释放出氢气，留下纯的C_{60}，

这些纯的C_{60}可以被完全回收，并被用来重新制备C_{60}的氢化物。与金属或其合金的贮氢材料相比，用C_{60}贮存氢气具有价格较低的优点，而且C_{60}比金属及其合金要轻，因此，相同质量的材料，C_{60}所贮存的氢气比金属或其合金要多。或许未来的氢能汽车可以用C_{60}来贮存氢能！

C_{60}不但可以贮存氢气，还可以用来贮存氧气。高压钢瓶的压力为3.9×10^6 Pa，用高压钢瓶贮氧属于高压贮氧法。与高压钢瓶贮氧相比，C_{60}贮氧的压力只有2.3×10^5 Pa，属于低压贮氧法。C_{60}在低压下大量贮存氧气的特性在医疗部门、军事部门乃至商业部门都会有很多用途。

研究者还发现，C_{60}对癌细胞有杀伤效应。C_{60}经光激发后有很高的单线态氧的产率，而单线态氧与生物机体的生理生化功能、组织损伤、肿瘤以及光化治疗技术都有着重要关系。当对C_{60}的激发光强度达到4000 Lx时，即能有效地破坏癌细胞的质膜和细胞内的线粒体中质网和核膜等重要的癌细胞结构，从而导致癌细胞的损伤乃至死亡。还有的研究指出，可以将肿瘤细胞的抗体附着在C_{60}分子上，然后将带有抗体的C_{60}分子引向肿瘤，也可以达到杀伤肿瘤细胞的目的。

另外，C_{60} 还是清除自由基的一把好手，被喻为"吸收游离基的海绵"。在某些情况下，生物体需要活性氧来完成生理过程，如吞噬细菌、凝血酶原合成、肝脏对外来毒物的解毒等。但在许多情况下，活性氧积累过剩时，又会产生损伤作用，如氧自由基和 H_2O_2 能损伤细胞膜，致使一些细胞坏死。人们已经发现许多疾病是由氧自由基触发的，机体衰老也与此密切相关。

有人还发现，水溶性的多羟基富勒烯衍生物对消除由黄嘌呤和黄嘌呤氧化酶产生的超氧基有很好的效果，该富勒烯醇化合物比母体 C_{60} 减少了固有的生物毒性。一些具有电子亲和力的富勒烯醇可用于生物体系的自由基去除和水溶性的抗氧化剂，以降低不健康血液中的自由基的浓度，抑制不正常或不健康细胞的生长。试验表明，当溶液中富勒烯醇的浓度为 50 mg/L 时，对超氧基的清除率可达到 80%。同时，通过光谱吸收试验和化学发光技术试验还显示，富勒烯醇的存在对黄嘌呤氧化而产生的尿酸的量没有影响，这意味着它对黄嘌呤氧化酶没有抑制作用，而直接对超氧基起抑制作用。

由于 C_{60} 是石墨、金刚石的同素异形体，有科学家联想到可以用廉价的石墨做原料合成 C_{60}。也有人想到，它含有苯环单元的结构，或许可以选用苯做原料合成 C_{60}。这些设想最后都实现了。

除 C_{60} 之外，具有封闭笼状结构的还可能有 C_{28}、C_{32}、C_{50}、C_{70}、C_{84}……C_{240}、C_{540} 等，它们统称为富勒烯。自从 1985 年发现富勒烯之后，不断有新结构的富勒烯被预言或发现，并超越了单个团簇本身。

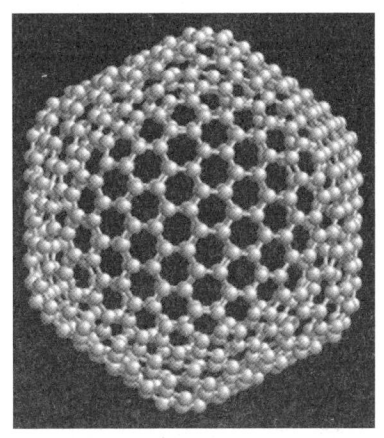

图 10　C_{540} 中碳原子的结构

【参考文献】

1. 闵恩泽、吴巍《绿色化学与化工》，化学工艺出版社 2000 年。

2. 胡宏智《步入化学世界》，山东教育出版社 2001 年。

3. 刘宗寅《化学故事 88》，明天出版社 2002 年。

九　尼斯湖惨案之谜

图 1

沐浴在晨光中的山村，从睡梦中醒来了。举目望去，成群的牛羊在绿茵茵的山坡上奔跑、嬉戏。接着，映入眼帘的是咯咯觅食的鸡群、呱呱追逐的鸭子……忽然，阵阵欢声笑语传来，循声望去，原来是姑娘们在湖边梳洗打扮。湖水碧绿，山色掩映，还荡漾着村童嬉水玩耍的身影……

然而有一天，山村的生机荡涤殆尽，就连晨光也好像失去了光泽，展现在人们眼前的竟是满目的死尸、毙命的牛羊。生灵在此已不复存在，真是惨绝人寰，令人震惊！

这便是中央电视台播放的尼斯湖惨案的一组写实镜头。对此，人们不禁要问：作恶多端的凶手是谁？

法网难逃，凶手终于被"捉拿归案"了。但出乎意料的是，凶手竟是人们熟知的二氧化碳气体。然而更令人不解的是，二氧化碳何以如此猖狂，又何以致人畜于死地？

化学探秘

揭秘尼斯湖惨案

要揭秘尼斯湖惨案，或许我们可以先听一段二氧化碳的自述——

"我是空气大家族的一名成员，在常温下无色无味，对人畜无害，密度比空气大一点点。我还会变身，温度低时我会变成像雪一样的白色固体，人们给我起了一个新名字——'干冰'。我可以溶解在水中形成碳酸，你们喝可乐的时候我就到你们肚子里了。"

"我不能支持燃烧，也不能支持呼吸。所以，我在空气中的含量过高的时候，会令人畜窒息而死。"

看到这里，我们对尼斯湖惨案的发生就有点了解了。科学家研究发现，微妙的化学平衡使尼斯湖的水奇特地分成了若干层，而且最深层的水含有极其丰富的碳酸盐。然而这样的化学平衡并不是稳定的，在外界环境的影响下，特别是在地壳活动频繁之际，分层的湖水便会受到扰乱，富有碳酸盐的深层水就会上升，在压力和温度的骤然变化下迅速分解，整个湖泊也就成了一个被猛然开启的巨大汽水瓶。虽然二氧化碳本身并没有毒，但在空气中的含量超过0.2%时便会对人体有害，超过1%即会使人畜窒息而亡。由于二氧化碳的大量释放并下沉，灾难也就不可避免了。

还有一个著名的屠狗洞的故事是这样的：在意大利某地有个奇怪的山洞，人走进这个山洞安然无恙，而狗走进洞里就一命呜呼，因此，当地居民将其称为"屠狗洞"，甚至有些迷信的人还说洞里有一种叫作"屠狗"的妖怪。后来，科学家经研究才发现，这个山洞里二氧化碳的浓度比较大，因为二氧化碳比空气重，于是就聚集在地面附近，形成一定高度的二氧化碳层。当人进入洞里，二氧化碳层只能淹没到膝盖，有少量的二氧化碳扩散，人只有轻微的不适感觉；而处在低处的狗，却完全淹没在二氧化碳层中，并因缺乏氧气而窒息死亡。这就是屠狗洞屠狗而不伤人的道理。

气体肥料

1977年，广东省地质队在南海区勘探石油资源时，打穿了一个石灰岩溶洞。当时，二氧化碳气体的强大压力造成井喷，气柱高达100多米，时间持续了两个月之久。井喷后，在这口井的周围发生了许多奇事。有人无意间在井喷地附近种了棵南瓜苗，虽没有采取什么特殊的栽培措施，但南瓜的长势特别旺盛，结的果实异常硕大。在井喷后的几年里，周围的稻谷、小麦等作物都连续获得大丰收。怎么会有这些怪事？

原来，二氧化碳也是一种肥料。由于气体的扩散性强，因此气体肥料主要在温室和塑料大棚中使用。二氧化碳就是一种常用的气体肥料。在温室中施用二氧化碳可提高作物光合作用的强度和效率，促进根系发育，提高产品品质，并大幅提高作物产量。二氧化碳是植物进行光合作用所必需的原料之一。由于温室或塑料大棚经常与大气隔离，作物所需的二氧化碳无法从大气中不断补充，往往满足不了作物生长的需要。美国科学家在新泽西州的一家农场里，利用二氧化碳对不同作物的不同生长期进行了大量的试验研究，他们发现在农作物的生长旺盛期和成熟期使用二氧化碳，效果最显著。在这两个时期，如果每周喷射两次二氧化碳气体，喷上4~5次后，蔬菜可增产90%，水稻增产70%，大豆增产60%，高粱甚至可以增产200%。图2即为在蔬菜大棚中施加二氧化碳气体肥料。

图2　在大棚中施加二氧化碳气体肥料

气体肥料发展前途很大,但目前科学家还难以确定每种作物究竟吸收多少二氧化碳后效果最好。此外,其他类型的气体肥料还在探索中。例如,德国地质学家埃伦斯特发现,凡是在有地下天然气冒出来的地方,植物都生长得特别茂盛。于是,他将液化天然气通过专门管道送入土壤中,结果这种特殊的气体肥料在两年之中都一直有效。原来,天然气中的主要成分甲烷起了作用。甲烷用于帮助土壤微生物的繁殖,而这些微生物可以改善土壤结构,帮助植物充分地吸收营养物质。

岩洞奇观的秘密

在墨西哥新墨西哥州的国家公园里,高大的卡尔斯巴德洞窟(图3)足有30层楼那么高,大得能装下6个足球场。观光者对这个洞窟叹为观止,地质学家则被这个洞窟困扰不已。这个洞窟是如何形成的呢?

图3　卡尔斯巴德洞窟景观

溶洞的形成是石灰岩地区地下水长期溶蚀的结果。石灰岩里不溶性的碳酸钙受水和二氧化碳的作用,能转化为微溶性的碳酸氢钙。石灰岩层由于各部分含石灰质的多少不同、被侵蚀的程度不同,逐渐被溶解分割成互不相依、千姿百态、陡峭秀丽的山峰和景观奇异的溶洞。

闻名于世的桂林溶洞、北京石花洞、泰山地下大裂谷等,都是由于水和二氧化碳的缓慢侵蚀而创造出来的杰作。溶有碳酸氢钙的水,当从溶洞顶滴到洞底时,由于水分蒸发或压强减小,以及温度的变化,都会使二氧化碳溶解度减小而析出碳酸钙沉淀。这些沉淀经过千百万年的积聚,渐渐形成了钟乳石、石笋、石幔、石花等。洞顶的钟乳石与地面的石笋连接起来,就会形成奇特的石柱。

在自然界,溶有二氧化碳的雨水,会使石灰石($CaCO_3$)构成的岩层部分溶解,使碳酸钙转变成可溶性的碳酸氢钙:

$$CaCO_3 + CO_2 + H_2O \rightleftharpoons Ca(HCO_3)_2$$

当受热或压强突然减小时,溶解的

碳酸氢钙会分解，重新变成碳酸钙沉淀：

$Ca(HCO_3)_2 =\!=\!= CaCO_3\downarrow + CO_2\uparrow + H_2O$

大自然经过长期无数次的重复上述反应，形成了各种奇特壮观的溶洞。

灭火能手

有一天，县郊区的一家葡萄酒厂起火了。接到命令的消防队员迅速赶到现场，投入紧张的灭火行动中。正当他们奋勇作战、即将控制大火的时候，突然发现贮水槽里的水快没有了。这下完了！在队员们绝望之时，队长突然命令队员把正在发酵的葡萄酒泼向熊熊大火。我们知道，酒精能燃烧，但神奇的是，火竟然被扑灭了。原来，正在发酵的葡萄酒里含有大量的二氧化碳，而二氧化碳不助燃，是很好的灭火剂。

灭火器喷出来的也是二氧化碳。那么，灭火器里怎么能装下那么多二氧化碳呢？原来，钢筒里贮藏着两种化学物质——碳酸氢钠（$NaHCO_3$）和硫酸（H_2SO_4）。平时，这两种物质用玻璃瓶隔开分住两处，各不相扰。当灭火器头倒过来时，它俩混到一块儿，发生化学反应（$2NaHCO_3 + H_2SO_4 =\!=\!= Na_2SO_4 + CO_2\uparrow + 2H_2O$），产生大量二氧化碳。把硫酸换成硫酸铝，再加上点发泡剂，就成为泡沫式灭火器（图4），它也同样产生二氧化碳气流，同时带有大量泡沫，可以覆在表面上帮助灭火。喇叭口式的灭火器里面不装上述的化学药品，直接装二氧化碳——用强大的压力把二氧化碳由气体变成液体后，体积可以缩小很多。这样，一个不大的钢瓶内的液态二氧化碳，变回气体时可以充满好几个房间。像液化石油气罐一样，灭火器平时紧闭阀门。救火时一拧开阀门，强大的二氧化碳气流就通过连接着的喇叭口向火焰喷去。

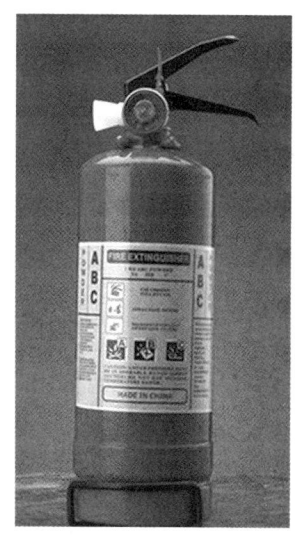

图4　二氧化碳泡沫灭火器

不同种类的灭火器内藏的成分不一样，专为不同的火警而设。灭火器按所充装的灭火剂可分为泡沫灭火器、干粉灭火器、卤代烷灭火器、二氧化碳灭火器、清水灭火器等。

泡沫灭火器适用于扑救一般如油制品、油脂等的火灾，但不能扑救水溶性可燃、易燃液体的火灾，如醇、酯、醚、酮等物质火灾；也不能扑救带电设备火灾。

干粉灭火器适用于易燃可燃液体、

气体及带电设备的初起火灾；还可用于扑救固体类物质的初起火灾。

卤代烷灭火器适用于扑救易燃液体和可燃液体、可燃气体火灾。

二氧化碳灭火器主要用于扑救贵重设备、档案资料、仪器仪表、600伏以下电气设备及油类的初起火灾。二氧化碳灭火器不能扑灭活泼金属（如金属钠、钾、钙）着火，因为这些金属在二氧化碳中还可以燃烧。

清水灭火器主要用于扑救固体物质火灾，如木材、棉麻、纺织品等的初起火灾。

流体中的超人

二氧化碳在高科技领域里，也是有功之臣，目前应用最广泛的超临界流体就是二氧化碳。

水、二氧化碳和甲醇等物质在高温、高压状态下，就不再是单纯的气体或者液体，而会兼具气体和液体的特点，既像气体那样可以加速化学反应，也像液体一样容易溶解其他物质，这时它们就成了具有"特异功能"的超临界流体（图5）。

超临界流体除了物理性质大大改变了之外，在化学性质上亦与气、液态时大不一样。例如，二氧化碳在气体状态下不能和有机物或无机物互溶，因而也就不具有萃取能力，但当进入超临界状

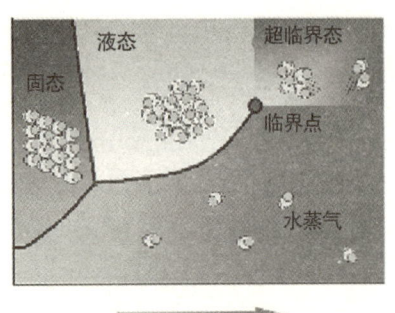

图5 超临界态二氧化碳的变化

态后，二氧化碳就具有了溶解有机物的能力，并且其溶解能力还会随温度及压力的变化而有所不同。

现在，超临界二氧化碳的应用已经深入到了各种尖端精密工业上。近年来，由于半导体工业蓬勃发展，许多组件设计都朝着更精细、更繁复及高密度的方向发展。除了清洗半导体元件外，超临界态的二氧化碳也可用来洗涤航空电子组件、替换洗衣店衣物干洗所用的氟氯碳化合物或有机溶剂，以及处理被重金属或毒性化学物污染的土壤、化工产品中残留的溶剂及反应物杂质等。在医药方面，利用超临界状态的高渗透性，二氧化碳在超临界状态下能够轻易穿透细菌的细胞壁，在其内部引起剧烈的氧化反应，从而把细菌杀死，食品的杀菌保鲜处理又多了一条优良的途径。

总之，超临界态的二氧化碳已经成为溶剂中的"超人"，不但能力独特，而且环保无毒，因此被誉为"绿色溶

剂"。"21世纪是水和二氧化碳充当化学工业主角的时代",这是日本一位科学家提出的见解。利用超临界流体制造医药用品、化妆品、农药和塑料等工业品原料,解决各种污染问题等,正在成为发达国家科研机构的重要研究目标。

由于超临界二氧化碳萃取技术在萃取后能将二氧化碳再次利用,把对环境的污染降至最低,所以未来传统工业若是能把超临界二氧化碳当作主要溶剂,那现在我们这颗唯一的地球,便能得到舒缓。

化学长廊

自然界的"永动机"

自然界碳循环的基本过程如下:大气中的二氧化碳(CO_2)被陆地和海洋中的植物吸收,然后通过生物或地质过程以及人类活动,又以二氧化碳的形式返回大气中。

生物和大气之间的循环

绿色植物从空气中获得二氧化碳,经过光合作用转化为葡萄糖,再转化成为植物体内的碳化合物,经过食物链的传递,成为动物体内的碳化合物。植物和动物的呼吸作用把摄入体内的一部分碳转化为二氧化碳释放到大气中,另一部分则构成生物的机体或在机体内贮存。动植物死后,通过微生物的分解作用,残体中的碳也成为二氧化碳,最终排入大气。大气中的二氧化碳这样循环一次约需20年。一部分(约千分之一)动植物残体在被分解之前即被沉积物所掩埋而成为有机沉积物。碳的生物循环虽然对地球的环境有着很大的影响,但是从以百万年计的地质时间上来看,缓慢变化的碳的地球化学大循环才是地球环境最主要的控制因素。

大气和海洋之间的交换

二氧化碳可由大气进入海水,也可由海水进入大气。这种交换发生在气和水的界面处,由于风和波浪的作用而加强。在这两个方向上,流动的二氧化碳量大致相等,当大气中二氧化碳量增多或减少时,海洋吸收的二氧化碳量也随之增多或减少。

含碳盐的形成和分解

大气中的二氧化碳溶解在雨水和地下水中成为碳酸,碳酸能把石灰岩变为可溶态的重碳酸盐,并被河流输送到海洋中。海水中接纳的碳酸盐和重碳酸盐含量是饱和的,新输入多少碳酸盐,便有等量的碳酸盐沉积下来。通过不同的成岩过程,又形成石灰岩、白云石和碳质页岩。在化学作用和物理作用(如风化）下，这些岩石被破坏，所含的碳又以二氧化碳的形式释放到大气中。火山爆发也可使一部分有机碳和碳酸盐中的碳再次加入碳的循环。碳质岩石的破坏虽在短时期内对循环的影响不大，但对几百万年中碳量的平衡却是重要的。

人类活动

人类燃烧矿物燃料以获得能量时，产生大量的二氧化碳。从 1949 年到 1969 年，由于燃烧矿物燃料以及其他工业活动，二氧化碳的生成量估计每年增加 4.8%，其结果是大气中二氧化碳浓度升高。这样就破坏了自然界原有的平衡，可能导致气候异常。矿物燃料燃烧生成并排入大气的二氧化碳有一小部分可被海水溶解，但海水中溶解态二氧化碳的增加又会引起海水中酸碱平衡和碳酸盐溶解平衡的变化。

矿物燃料的不完全燃烧会产生少量的一氧化碳，自然过程也会产生一氧化碳。一氧化碳在大气中存留时间很短，主要是被土壤中的微生物所吸收，也可通过一系列化学或光化学反应转化为二氧化碳。

自然界中的碳循环示意图如图 6 所示。

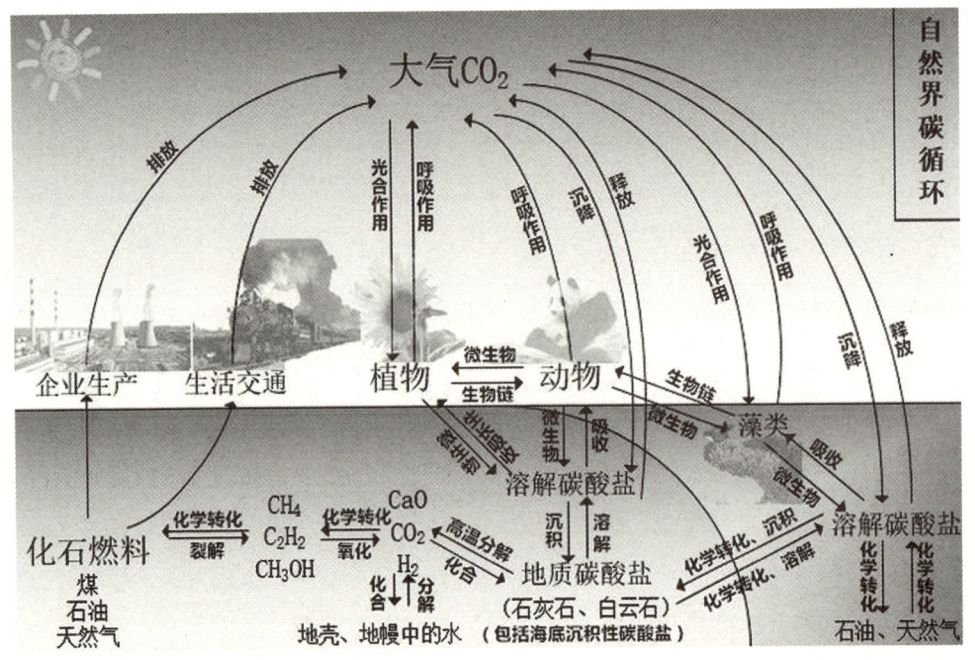

图 6　自然界的碳循环

探索乐园

夏日炎热,很多同学喜欢喝冰镇汽水来解渴,经常去市面上买汽水来解渴。其实,我们可以在家里自制汽水。如何在家里自制汽水呢?

1. 把水煮沸,倒入容器中自然冷却备用。

2. 拿一个旧的汽水瓶冲洗干净,往空瓶子里注入约占瓶子容积81%的冷却水。

3. 往瓶子里加入适量的白糖和少量自己喜欢的果味香精。

4. 按100∶2的比例加入食用碳酸氢钠(小苏打),轻轻用筷子搅拌,待食用碳酸氢钠(小苏打)溶解后迅速按80∶2的比例加入柠檬酸,并立即用盖子将瓶子旋紧。

把瓶子放进冰箱里降温,就可以得到冰镇的汽水啦。

【参考文献】

1. 闵恩泽、吴巍《绿色化学与化工》,化学工业出版社2000年。

2. 黎志诚《流体中的"超人"——超临界流体》,《大科技:科学之谜》2006年第4期。

3. 胡智宏《步入化学世界》,山东教育出版社2001年。

4. 《灭火器会用吗?》,《大众科学》2013年第11期。

十　千姿百态的金属

你所用的钢笔也许是用金属制成的；你的早餐可能是用金属锅煮的；你的闹钟是由金属制造的……没有金属，我们的世界以及日常生活将会变成另一个样子。

金属的世界千姿百态，它们或性格相似，或个性迥异，但都各司其职，坚守着服务人类的使命。我们不会去造钢飞机，也不会用银去做茶壶；我们用锡焊接，汞则用在温度计中。每种金属都有一系列可用于特种用途的特殊物理性质或化学性质，正是由于这种与众不同，才能使某些金属在浩瀚的金属世界里一枝独秀、大放异彩。

图1

化学探秘

活泼的金属钠

在许多人看来，金属都是硬邦邦、沉甸甸的。可是银白色的金属钠，却是软绵绵的，比水还轻，熔点（97.5 ℃）、沸点（883 ℃）都很低，硬度也很小，一把普通的小刀，就可以轻易将它切开（图2）。

图2　用小刀切开金属钠

钠元素是地球的主要成员之一，约占整个地壳重量的2.4%，其分布之广，是许多元素所不及的。不仅在食盐里有它，而且在土壤、水甚至高层大气中，也都可以找到它的踪迹。然而，它的发现却比较晚，直到1807年，人类才第一次看到了钠的"庐山真面目"。

1807年，英国化学家汉弗莱·戴维在利用电解的方法获得钾的几天之

后,又用氢氧化钠来进行电解,看看是否也同样能获得金属。实验的过程如下:

他将一小块氢氧化钠放在一个白金做的圆片上,并将白金圆片连在电池的负极,另外用一根白金丝,使它一端和电池的正极相连,而另一端和氢氧化钠的表面接触。通电以后,最初毫无动静,可是当他加强了电流强度后,氢氧化钠就逐渐熔化,上层(正极)有气体放出,而下层的白金片(负极)上,则出现了和水银一样的"银珠"。

这种情况和他制得钾时一模一样。可是他很快就证实,这颗"银珠"和几天前获得的钾绝不是同一种物质,因为钾在生成时的气温下是液态的,将它投入水中,会立即自燃起来,呈淡紫色。所以,戴维就把刚制得的新金属命名为"钠"。

钠的化学性质非常活泼,能与非金属直接化合。钠在空气中很容易被氧化,一块银光闪闪的金属钠,只要在空气中待上片刻,就会失去光泽,周身披上一件灰白色的由氧化钠和氢氧化钠做成的"外衣"。发生反应的化学方程式为:

$4Na + O_2 =\!=\!= 2Na_2O$(氧化钠,白色)
$Na_2O + H_2O =\!=\!= 2NaOH$(氢氧化钠,白色)

此外,钠如果在纯净的氧气中点燃的话,反应会更为剧烈。将钠放在石棉网上加热一小会儿,会发现金属钠先熔化成一个闪亮的小球,继而燃烧起来,产生黄色的火焰,最后生成了淡黄色的固体,此固体即为过氧化钠(Na_2O_2)。发生反应的化学方程式为:

$2Na + O_2 \xrightarrow{\text{加热}} Na_2O_2$(过氧化钠,淡黄色)

钠除了和氧气反应外,遇到水也能发生剧烈的化学反应,生成氢气和氢氧化钠。发生反应的化学方程式为:

$2Na + 2H_2O =\!=\!= 2NaOH + H_2\uparrow$

金属钠和水的反应较为剧烈,可以观察到明显的实验现象。当把绿豆粒大小的金属钠投入水中,会发现金属钠由于密度比水小而浮在水面上,迅速熔化成一个银白色的闪亮的小球,由于生成的气体的推动作用,使得钠形成的小球四处游动并发出嘶嘶的响声。

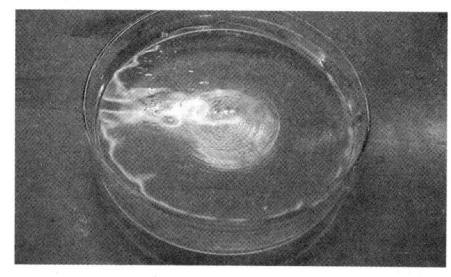

图3 钠与水反应

金属钠性质活泼,在空气中、水中都能发生化学反应。那么,该如何保存如此活泼的金属呢？一般情况下，我们将金属钠储存于煤油或液状石蜡中，一来可以避免钠与水接触，二来由于钠密度比煤油大，可以沉在底部从而隔绝空气。由于金属钠性质极其活泼，所以在自然界，金属状态的钠是不存在的，但它的化合物却广泛分布在地球各处。

敢于牺牲自我的锌

如果要在金属世界里颁发"最佳奉献奖"，那么金属锌可以当之无愧获此殊荣。

我们在日常生活中经常与锌打交道：干电池的金属外壳是锌做的，眼药水里含有锌（硫酸锌），黄铜里含有锌，白铁皮的表面也镀着锌，锌还是制作硬币的原料等。图4是各种加工形态的金属锌。锌有着如此广泛的用途，但这并非是锌获得"最佳奉献奖"的决定性因素，真正起决定作用的，是锌"牺牲自我，保护他人"的精神。

那么，锌是怎样"牺牲自我，保护他人"的呢？我们一起来感受一下它的奉献精神。

纯锌具有银白色的金属光泽，然而在空气中锌却呈灰蓝色，这是因为锌的化学性质比较活泼，与空气中的水、二氧化碳和氧气发生了化学反应，生成一层极薄的碱式碳酸锌，这层薄膜保护着里面的锌不再生锈。根据这个道理，人

图4　各种加工形态的金属锌

们用锌来保护铁。白铁皮、铅丝（镀锌的铁丝）、自行车的辐条、五金零件和仪表螺丝等都是镀锌制品。镀上锌的白铁皮，表面有一层美丽的冰花，那就是锌的晶体。白铁皮比马口铁要耐用得多。马口铁是镀锡制品，只要碰破了一块，会很快腐蚀掉。而白铁皮即使碰破一大块，也不会很快被腐蚀。这又是为什么呢？

这是因为在金属活动性顺序里：K、Ca、Na、Mg、Al、Zn、Fe、Sn、Pb、H、Cu、Hg、Ag、Pt、Au，金属活动性由强逐渐减弱，Zn 比 Fe 活泼，Fe 又比 Sn 活泼。所以活泼的 Zn 比 Fe 容易失去电子被氧化变成锌的二价离子（$Zn - 2e^- = Zn^{2+}$）而发生锈蚀，保护 Fe 不受腐蚀；而 Sn 不如 Fe 活泼，只能眼睁睁地看着 Fe 被腐蚀掉却爱莫能助。这就是用焊锡修补的脸盆反而坏得更快的原因。Zn 正是发挥了这种

"牺牲自己，保护他人"的长处，人们在水闸、水下钢柱、船舰的尾部、船锚和锅炉内壁，将 Zn 块镶嵌在钢铁的表面，让其充当防锈的卫士。据统计，全世界生产的 Zn 有 40% 用在镀锌工业上，用来制造镀锌的钢板、管材和白铁皮，它们像卫士一样忠诚地守护着铁免遭腐蚀。由此可见，锌可以当之无愧地获得金属界里的"最佳奉献奖"了。

除了作为铁的忠诚卫士，锌在其他领域也大放异彩。锌能和许多有色金属组成合金，最重要的有铜锌合金（黄铜）、锌铜铝合金等，它们被广泛地用在汽车制造、机械工业和国防工业上。锌还可用来制造干电池和阳极板、印刷用锌板等。

此外，锌作为人体必需的微量元素之一，对于维持人体健康也发挥着不容小觑的作用。锌是人体多种蛋白质的核心组成部分，它们在生命活动过程中起着转运物质和交换能量的"生命齿轮"的作用。人若缺锌，骨骼生长和性发育都会受到影响，缺锌的人常常表现出食欲不好、味觉不灵敏、伤口不易愈合等症状。但摄入锌的量过多对人体也有害，会引起头晕、呕吐和腹泻等不良反应。锌也是植物生长不可或缺的元素，硫酸锌就是一种常用的微量元素肥料。

常温下的液态金属

在实验室中，常温下的液态金属确实只有一种，那就是汞。但是，如果将"常温"的标准稍稍提高一些，提高到 30 ℃ 就好，那么你会看见三种液态金属，因为在这个温度下镓和铯也会融化。虽然都是湿湿滑滑黏黏的液态金属，但是无论从物理性质还是化学性质来看，它们都有专属于自己的特性。下面，我们一起认识一下吧。

汞（Hg）

汞，又称水银。在各种金属中，汞的熔点是最低的，只有 -38.87 ℃，也是唯一在常温下呈液态并易流动的金属，外表似银珠（图5）。它的化学符号来源于拉丁文，原意是"液态银"。

汞的用途广泛，除了我们熟知的用来制造温度计，还可用于制造气压计、药

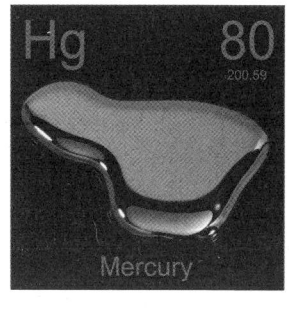

图 5　汞

物、催化剂、汞蒸气灯、电极、雷汞等。由于其密度非常大，物理学家埃万杰利斯塔·托里拆利利用汞第一个测出了大气压的准确数值。

汞被广泛利用的同时，人们也对它的毒性敬而远之。汞常温下即可蒸发，汞蒸气和汞的化合物多有剧毒。

图6 埃万杰利斯塔·托里拆利

> **相关链接**
>
> 埃万杰利斯塔·托里拆利（1608—1647），意大利物理学家、数学家。1641年，托里拆利提出了可以利用水银柱高度来测量大气压，并于1644年利用水银气压计测出一个大气压约为760 mm汞柱。为了纪念他的伟大发现，人们将他的名字托（Torr）命名为真空测量的单位。

在古代，女性通常会选用汞的化合物来美白，虽然这在今天看来简直是自杀的行为，但当时确实风靡一时，直到后来，人们才意识到汞的危害。1952年日本水俣灾难，就是由于受害者食用的鱼里面含有超标的汞盐导致中枢神经性疾病。患者初期口齿不清、面部痴呆、手脚发抖、步履不稳。此病经久难愈，发展到后期，会出现耳聋眼瞎、神经异常、全身弯曲、骨骼变脆的症状，只要轻微活动，甚至从床上坐起，都会发生骨折而悲惨死去。科学试验证实，人体血液中汞的安全浓度为1微克/10毫升，当达到5～10微克/10毫升时，就会出现明显的中毒症状。

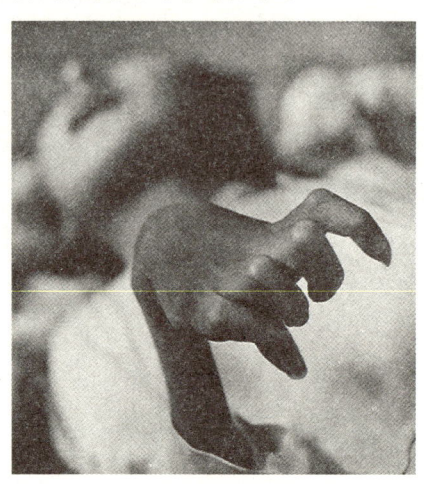

图7 水俣病

所以，无论在实验中还是在生活中，一定要注意安全使用水银。含有水银的用品一旦被打破，水银会形成球体滚落。这时，要先关掉室内所有加热装置，打开窗户通风；然后戴上手套，用小铲子把水银收集起来深埋，或在上面撒些硫黄粉末，硫和汞反应能生成不易溶于水的硫化汞，危害会大大降低。由于水银在常温下即可蒸发成气态，很容易被吸入呼吸道，引起中毒，所以，处理散落在地上的水银时最好戴上口罩。

镓（Ga）

镓，如果你把它放在手心里，它马

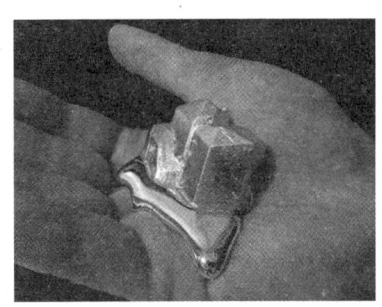

图 8 镓

上就会熔化成液体，犹如荷叶上滚动的银色水珠一样（图 8）。这是因为镓的熔点很低，只有 29.8 ℃。镓的熔点虽然很低，可是沸点却非常高，竟高达 2 070 ℃！人们利用镓的这个特性来制造测量高温的温度计。把这种温度计伸进炉火熊熊的炼钢炉中，玻璃外壳都快熔化了，里边的镓还没有沸腾。如果用耐高温的石英玻璃来制造镓温度计的外壳，它能够一直测到 1 500 ℃ 的高温。所以，人们常用这种温度计来测量反应炉、原子反应堆的温度。

镓具有较好的铸造特性，由于它"热缩冷胀"，被用来制造铅字合金，使字体清晰。在原子能工业中，用镓作为热传导介质，能把反应堆中的热量传导出来。

镓与许多金属反应能生成熔点低于 60 ℃ 的易熔合金。其中，如镓铟合金（熔点为 16 ℃）、镓锡合金（熔点为 20 ℃），可以用在电路熔断器和各种保险装置上，温度一高，它们就会自动熔化断开，起到安全保险的作用。

镓有增强玻璃折射率的效能，可以用来制造特种光学玻璃。由于镓对光的反射能力特别强，同时又能很好地附着在玻璃上，承受较高的温度，因此用它做反光镜最适宜。镓竟能把 70% 以上的入射光反射出去。

镓的一些化合物，如今与尖端科学技术结下了不解之缘。砷化镓是近年来新发现的一种半导体材料，性能优良，用它做电子元件，可以使电子设备的体积大为缩小，实现微型化。磷化镓是一种半导体发光元件，能够发出红光或绿光，人们把它做成了各种阿拉伯数字形状，在电子计算机中，利用它来显示计算结果。

铯（Cs）

铯是金黄色的，而且是最软的金属，熔点也低，在 28.44 ℃ 时即会熔化成液体（图 9）。铯具有活泼的个性，它本来披着一件漂亮的金黄色的"外衣"，可是一与空气接触，马上就换成了灰暗色的，甚至不到一分钟就自动燃烧起来，发出玫瑰般的紫红色或蓝色的光辉。把它投到水里，它会立即发生剧烈的化学反应，发生爆炸。即使把它放在冰上，它也会燃烧起来。正因为它这么"不老实"，平时人们就把它保存在充满稀有气体的玻璃管里，以免与空气、水接触。

图9 铯

铯原子的最外层电子绕着原子核旋转一周的时间，总是极其精确地在几十亿分之一秒的时间内，其稳定性比地球绕轴自转高得多。利用铯原子的这个特点，人们制成了一种新型的钟——铯原子钟，规定一秒就是铯原子"振动"9 192 601 770次（即相当于铯原子的最外层电子旋转这么多圈）所需要的时间。这就是"秒"的最新定义。利用铯原子钟，人们可以十分精确地测量出十亿分之一秒的时间，其精确度和稳定性远远超过世界上以前有过的任何一种表，也超过了许多年来一直以地球自转做基准的天文时间。

怕冷的金属

1910年的一天，英国探险家罗伯特·福尔肯·斯科特抱着征服南极的决心，率领一支探险队出发了。他们沿着一望无垠的冰原奋力挺进，并沿途建了一些贮藏库，库里放着返回时需用的食品和用白锡焊成的铁罐，罐里盛满了煤油。

1912年初，探险队终于到达南极终点。

随后，他们踏上了返回之旅。当走进第一个贮藏库时，他们被里面的情景惊呆了：煤油罐的焊缝全部裂开，罐里空荡荡的。

没有煤油对处于荒无人烟的冰雪世界的人来说，意味着什么？死亡！他们匆匆赶到第二个贮藏库，那里的情况仍然令他们失望：铁罐"四分五裂"，罐里的煤油"不翼而飞"。

暴风雪在怒吼，严寒无法阻挡。饥寒交迫的斯科特和队员们最终一个个倒在雪地上，但他们那呆滞的目光里却充满了疑惑——

煤油罐的焊缝怎么会开裂呢？

是啊，在这除了冰雪什么也没有的白色世界里，是谁"导演"了这场悲剧呢？

为了帮助大家弄清这个问题，我们可以再看一个故事。20世纪初的一个冬天，圣彼得堡的一座军需库发生了一起"大案件"：士兵服上所有的锡纽扣都不见了，装有这些士兵服的箱子里都有一种灰色的粉末。后经化验知，这种灰色粉末就是做扣子用的锡，这才使负责仓库的军需官免遭酷刑。通过这个故事，再来找南极探险悲剧的"导演者"，就不难了吧？

原来，悲剧是由严寒"导演"的，"演员"就是用来做焊锡的白锡。

由于锡是熔点比较低的金属，因此经常被用来做焊料的主要成分。白锡是一种银白色、带有蓝色的较柔软的金属，既不耐热，也不耐冻，尤其遇冷时，情况会变得更糟糕。当温度为16.1 ℃时，白锡变得脆弱，一压就成了粉末；当温度为13.2 ℃时，白锡体积膨胀，变得松软。如果大幅度降温，这种变化进行得更快。温度一降到零下，白锡就失去光泽，变成暗灰色，最后碎裂成灰色粉末。这种灰色粉末便是白锡的孪生兄弟——灰锡。

白锡"生病"先从某一点开始，然后迅速蔓延开来，因此又称为"锡疫"。锡疫的"传染性"很强，未染上锡疫的锡板，一旦和有锡疫的锡板接触，也会产生灰色的斑点而逐渐"腐烂"掉。

了解了白锡的上述特性，就不难理解在冰天雪地里用白锡焊成的铁罐为什么会开裂了。

为了防止类似的悲剧重演，化学家通过研究找到了"锡疫"的克星——铋。只要在白锡里掺进一些铋，白锡就会处于稳定状态，即使温度再低，也不会变成灰锡了。

锡是排列在白金、黄金及银后面的第四种贵金属，它富有光泽、无毒、不易氧化变色，具有很好的杀菌、净化和保鲜作用。在生活中，锡常用于食品保鲜、做罐头内层的防腐膜等。锡与其他金属制成合金（纯锡含量在97%以上），这种合金可以用来制成锡器。在日本宫廷中，精心酿制的御酒都用锡器作为盛酒的器皿。锡器具有储茶色不变、盛酒酒醇香等功能，尤其是用锡瓶插花不易枯萎，锡茶壶泡茶特别清香。锡器平和柔滑的特性、高贵典雅的造型、历久常新的光泽，历来深受贵族人士的青睐，在欧洲更成为古典文化的一种象征。图10是各种精美的锡工艺品。

图10　精美的锡器

化学长廊

神奇的银器

银器能验毒的说法广为流传，在小说、电视剧及传说中，经常会出现用银钗或银针能验出食物有毒的桥段。宋代著名法医学家宋慈的《洗冤集录》中就有用银针验尸的记载。时至今日,还有些人常用银筷子来检验食物中是否有毒,存在着银器能验毒的传统观念。

可是,银器果真能验毒吗?

古人所指的毒范围非常窄,主要是指剧毒的砒霜,即三氧化二砷(As_2O_3)。古代的生产技术落后,致使砒霜里都伴有少量的硫及其硫化物,其所含的硫与银接触,就可起化学反应,使银针的表面生成一层黑色的硫化银(Ag_2S),作用的原理是:$4Ag + 2H_2S + O_2 = 2Ag_2S + 2H_2O$,古人用银针验毒正是利用了此原理。因此,银本身并不能与真正有剧毒的砒霜反应,而是与砒霜中的硫或硫化物发生了作用。

事实上,银针插入鸡蛋黄中,也会变黑,因为鸡蛋黄中也含硫。而银器对毒蘑菇、亚硝酸盐、农药、毒鼠药、氰化物等有毒物质却无能为力。因此,银针不能鉴别毒物,更不能用来作为验毒的工具。

银虽不能验毒,却能消毒。

蒙古人就爱用银碗盛马奶来招待客人,以表示对客人的友谊像银子那样纯洁,像马奶那样洁白。奇怪的是,银碗(图11)好像有什么魔术似的,牛奶等食物一放在银碗里面,其保存时间就会长得多。用银壶盛放的饮用水,甚至可以保持几个月也不腐败。

图11 银碗

这是怎么回事呢?

一般人都认为,银子是不会溶解于水的。其实,世界上绝对不溶于水的东西几乎是没有的。银子和水接触以后,总会有微量的银进入水中,成为银离子。银离子是各种细菌的死对头,一升水中只要有五百亿分之一克的银离子,就足以叫细菌一命呜呼了。没有细菌兴风作浪,食物自然就不容易腐败了。

古埃及人早在2 000多年前,就已经知道把银子覆盖在伤口上,用以杀菌,防止化脓。现在,人们利用银离子的强烈杀菌作用,将其应用于医药方面。比如,为了不让初生婴儿的眼睛沾染细菌,婴儿一出世,就在其眼睛中滴入极稀的硝酸银或蛋白银溶液,这样做既不伤害眼睛,又能完成消毒的任务。当你游泳以后,给眼睛滴入一滴棕色的蛋白银溶液,也可以使你避免因游泳而害眼病。

现代医学也看中了银离子的杀菌本领，比如磺胺药中的磺胺嘧啶银，由于分子中有了银，它的抗菌能力大大增强。当烧伤、烫伤病人的创面发生感染，特别是过去很难对付的绿脓杆菌感染时，使用磺胺嘧啶银能很好地控制感染，挽救病人的生命，使人类在对付创面感染的"战斗"中，增添了一种有力的"武器"。

总之，银器验毒不可靠，银器消毒才科学。

金属中的"贵族之家"

我们都知道黄金贵重，不仅是因为它的价格昂贵，更因为它的性能优良。"真金不怕火炼"，就是称赞它的高温抗氧化性能，说明它在加热时不氧化，始终保持着原来的重量和金灿灿的光芒。

但是，有没有比黄金更贵重的金属呢？

当然有！铂系元素多数比黄金贵重。铂系元素是指位于元素周期表第八族中的六种元素：钌、铑、钯、锇、铱、铂。它们都是典型的贵金属，真可谓是金属中的"贵族之家"了。

先说一下铂。铂，俗称"白金"，是现在很流行的贵重首饰制品的材料，在铂系元素中"年龄"最大、"声望"最高，身价比黄金还要高贵。铂在地壳中的分布过于分散，大块的天然铂比较罕见，以盛产白金闻名于世的俄罗斯乌拉尔山区，曾经获得一块重达9.6千克的天然铂，这是目前天然铂块的最高纪录。

之后，人们发现天然的铂并不是很纯，其中还含有与铂性质相似的其他金属。英国化学家威廉·海德·武拉斯顿经过提纯，得到了一种新的银白色金属，命名为"钯"；不久又从粗铂中分离出了另一种新金属，呈玫瑰色，于是就取名"铑"。在发现钯、铑的第二年，即1804年，武拉斯顿的好友能登也从粗铂中分离出了两种新金属——"铱"和"锇"。但是直到1844年，"贵族之家"的元素才得以团圆，这一年俄国化学家克劳斯找到了白金家族的最后一位成员。为了纪念祖国，他将新金属取名为"钌"，即"俄罗斯"的意思。

在常温下，铂系金属对绝大多数物质都不加理睬，只有在高温下，它们才变得活泼一些。有趣的是，多数铂系金属在高温下对于抵抗各种元素的腐蚀的本领，各有一套"绝技"。比如，铂抵抗氧的本领，远比其他五个高明；而钌最善于抵抗硫的腐蚀；铱对付氯最有办法；而铑最不怕氟。在化学"性格"

上，铂系金属都表现出高度的稳定性。钯和铂，相比之下稍活泼些：铂可溶于王水；而钯是最活泼的一个，甚至浓硝酸和浓硫酸都能使它踪影全无。铂系金属多数有吸附各种气体的本领，其中以钯的本领最惊人，铂也相当高明。

在工业战线上，它们也是各显其能。白金家族的六位成员，在工业上都有各自的用途。

钌、锇，可以用作合成氨的催化剂。铑，反射光线的本领相当好，因此被用来镀在探照灯的反射镜上。钯，有着惊人的吸收气体的能力，一体积的钯竟能吸收 700 体积的氢。特别使人感兴趣的是，被氢饱和的钯竟能使氮气与氧、水作用变成亚硝酸铵。利用这个反应，可在常温常压下将空气中的氮固定下来，使之变成氮肥，为氮肥的制造提供了一条极有价值的捷径。

铱跟锇一样，是一种十分坚硬的金属。在许多金属里，只要加进少量的铱，就能得到非常坚硬、耐磨的合金。现在保存在法国巴黎的大名鼎鼎的国际米尺标本，就是用含有百分之九十的铂和百分之十的铱的合金做成的。

铂在工业上同样具有十分广泛的应用。它可以作为许多反应的催化剂；可以用来制造精密仪器和度量器材；还可以用来做理想的化学实验容器，如白金坩埚、白金板、白金蒸发皿、白金电极等。特别值得一提的是白金在高温测量上的贡献。水银温度计只能测量 350 ℃以下的温度，可是许多工业上却经常要测量 1 000 ℃～2 000 ℃的高温，这些工作就可依靠铂来完成。例如，电阻温度计正是利用铂丝受热时，它的电阻会有规律地增加这一特性制成的，只要测出电阻，就知道铂丝所在处的温度了。

可以看出，金属中的"贵族之家"不仅贵在其身价上，还贵在其对人类的巨大贡献上。可不要以为它们只是金属之中的"纨绔子弟"而已哦。

【参考文献】

1. 石岩《微笑着读完趣味化学》，金城出版社 2011 年。

2. 刘宗寅《化学故事 88》，明天出版社 2002 年。

十一　神奇的古剑之谜

图1　青铜剑

化学探秘

金属的"记忆力"

1994年3月1日，举世闻名的"世界第八大奇迹"——秦始皇兵马俑二号俑坑正式开始挖掘。这是20世纪重大的考古发现之一。在二号俑坑内已出土有铜矛、铜弩机、铜镞、残剑等，其中还发现了一批青铜剑，长度为86厘米，剑身上共有8个棱面。考古学家用游标卡尺测量，发现这8个棱面的误差不足一根头发丝，已经出土的19把青铜剑，剑剑如此。

据说在清理一号坑的第一过洞时，考古工作者发现一把青铜剑（图1）被一尊重达150千克的陶俑压弯了，其弯曲的程度超过45度。当人们移开陶俑之后，令人惊诧的奇迹出现了：那又窄又薄的青铜剑，竟在一瞬间反弹平直、自然恢复。为什么又窄又薄的青铜剑能一瞬间反弹恢复？是这把青铜剑具有记忆吗？

事实上，二号俑坑中出土的古剑是由记忆金属制成的。

记忆金属又叫形状记忆合金，是20世纪70年代才在世界材料科学中出现的一种具有"记忆"形状功能的合金。所谓形状记忆合金，就是在某温度下使其变形，在高温加热时又恢复到加工前的形状的合金总称。

人们发现形状记忆效应最早可追溯到1932年，瑞典人奥兰德在金-镉合金中首次观察到"记忆"效应，即合金的形状被改变之后，一旦加热到一定的跃变温度时，它又可以魔术般地变回原来的形状。

1963年，美国海军军械研究所的比勒在研究工作中发现，在高于室温较多的某温度范围内，把一种钛-镍合金丝烧成弹簧，然后在冷水中把它拉直或铸成正方形、三角形等形状，再放到40℃以上的热水中，该合金丝就能恢复成原来的弹簧形状。后来陆续发现，某些其他合金也有类似的功能。这一类合金被称为形状记忆合金。

1969年，钛-镍合金的"形状记忆效应"首次在工业上应用。人们采用了一种与众不同的管道接头装置。为了将两根需要对接的金属管连接，选用转变温度低于使用温度的某种形状记忆合金，在高于其转变温度的条件下，做成内径略小于待对接管子外径的接头用短管。然后，在低于其转变温度的条件下，将其内径稍加扩大，再把连接好的管道放置于接头的转变温度下。此时，接头就自动收缩而扣紧被接管道，形成牢固紧密的连接。美国在某种喷气式战斗机的油压系统中便使用了一种钛-镍合金接头，从未发生过漏油、脱落或破损事故。

1969年7月20日，美国宇航员乘坐"阿波罗"11号登月舱在月球上首次留下了人类的脚印，并通过一个直径数米的半球形天线传输月球和地球之间的信息。这个庞然大物般的天线是怎么被带到月球上的呢？使用一种形状记忆合金材料，先在其转变温度以上按预定要求做好，然后降低温度把它压成一团，装进登月舱带上天去。放置于月球后，在阳光的照射下，达到该合金的转变温度，天线"记"起了自己的本来面貌，变成一个巨大的半球。

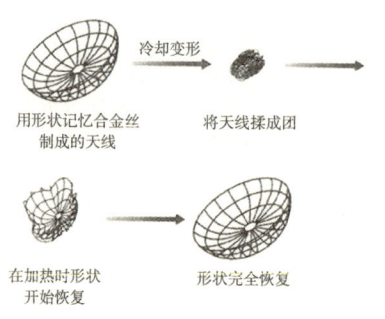

图2　记忆天线

因此，二号俑坑中出土的青铜剑在一瞬间反弹平直、自然恢复，并不是因为青铜剑具有记忆，而是因为秦国青铜剑铜、锡比例非常科学，不仅具有良好的延展性，更具备了记忆金属的性能。

揭秘金属的"记忆力"

金属的记忆力是怎么回事呢？

当对金属材料施加外力时，起初表现较强的变形抗力，取消外力后变形完全消失，这是弹性变形。但是，当外力超过某值时，晶体急剧变形，取消外力后再也不能恢复到原来的状态，这就是塑性变形。形状记忆合金的原理属后一种马氏体相变范畴，晶体中原子的连带运动产生塑性变形，这就是孪晶变形或应力诱发马氏体相变。

熔化是物质从固体转化为液体的过程。对于同一固体，如果它的内部有两种晶体结构，我们就说这个固体有两个相（图3）。这类固体就可以从一个相转化为另一个相。正是晶体结构的这种变化，使金属具有了记忆的本领。例如，一种由相同质量金属熔合而成的合金可能具有一种晶体结构，称为奥氏体相。当这种奥氏体相在人为控制下降温，物质呈现马氏体相。新的晶体结构并不改变物质中原子的位置，但是，这种重新组织的内部结构却给合金带来了新的特性。

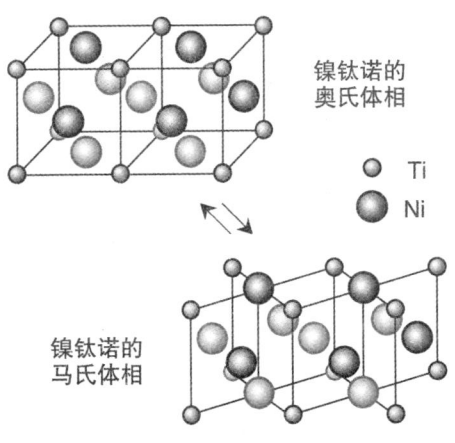

图3　固体的两个相

镍钛诺是由镍和钛熔合而成的一种合金，具有奥氏体相结构。如果镍钛诺最先是直线状（a），当先加热（b），之后又冷却，并在冷却的过程中恰好跨越了它的转化温度（c），那么，镍钛诺就会呈现马氏体相。请注意，在发生这种变化后，它的外部形态并不发生改变，依旧是直线状（d）。在（d）所示的状态下，外力可以让镍钛诺弯曲（e）。现在，如果撤去外力，再加热合金，它就会重新恢复到之前的马氏体相形态（f）。

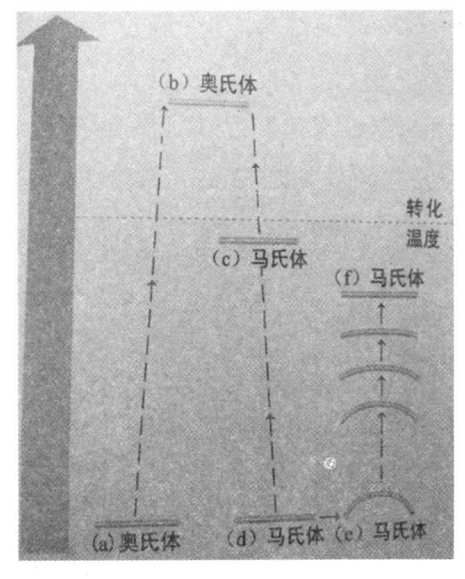

图4　不同温度下两相之间的转化

记忆金属的家族

目前，形状记忆合金种类很多，可分为钛-镍系（Ti-Ni）、铜系和铁系3大类。

（1）Ti-Ni系形状记忆合金

Ti-Ni系形状记忆合金是目前用得最多的记忆合金，其亚类别有：Ti-Ni、Ti-Nb、Ti-Ni-X（Fe, Co, Cu, Au, Pt, Pd, Ta）等。Ti-Ni系形状记忆合金的性能较好，可恢复性高，具有良好的机械性能（可锻性、拉伸强度、疲劳强度）和优良的抗腐蚀性，并且与人体有生物相容性，可作为人体内接肢材料和移植材料。自从1963年被发现以来，国内外对它进行了大量的研究，目前已经被大量生产应用于机械工程、电力仪器仪表、医疗等领域。但它成本高，加工困难，这在一定程度上限制了其更为广泛的应用，人们也一直在不断研究各种新的加工方法。

（2）铜系形状记忆合金

铜系形状记忆合金是除 Ti – Ni 合金外，已实用化的另一类记忆合金，其亚类别有：Cu – Zn，Cu – Zn – Al，Cu – Zn – Sn，Cu – Zn – Ni，Cu – Zn – Si，Cu – Zn – Ga，Cu – Pb – Zn，Cu – Al，Cu – Al – Ni，Cu – Al – Pb，Cu – Al – Si 等。其中，应用最多的是 Cu – Al – Ni 和 Cu – Zn – Al。这两类记忆合金制造加工容易，价格便宜，并且有良好的记忆性能，但热稳定性差，晶界易于断裂，其多晶材料疲劳性差。

（3）铁系形状记忆合金

铁系形状记忆合金主要有：Fe – Pt，Fe – Pd，Fe – Ni – Co – Ti，Fe – Mn – Si 等，成本低，易加工，在应用方面有明显的竞争优势。但目前铁系形状记忆合金记忆性能不如 Ti – Ni 系和铜系，所以，当前学者们研究的重点是在铁系记忆合金中加入不同合金元素，以改善其形状记忆效应。

另外，还有银系和金系记忆合金。如金系记忆合金有：Au – Cd，Au – Cu – Zn 等；银系记忆合金有：Ag – Cd，Ag – Zn – Cd，Ag – Zn 等。随着研究的不断发展，记忆合金的家族也在日益发展壮大，记忆金属家族也在人类生产和生活的许多领域大显神通。

化学长廊

大显神通的记忆金属

形状记忆合金由于具有许多优异的性能，因而广泛应用于航空航天、生物医疗、汽车工业、日常生活及桥梁建筑等多个领域。

航空航天工业

形状记忆合金在航空航天工业中应用广泛，如用在军用飞机的液压系统中的低温配合连接件，欧洲和美国正在研制用于直升机的智能水平旋翼中的形状记忆合金材料。2015年7月，中国民用航空沈阳航空器适航审定中心完成了国内首例形状记忆合金接头适航审定工作。

直升机具有轻便灵活等多种优点，

在各类领域中均有广泛应用，但是由于直升机具有高震动和高噪声的缺点，使其在应用领域中受到很多限制。直升机噪声和震动的来源主要是叶片涡流干扰，以及叶片型线的微小偏差。这就需要一种平衡叶片螺距的装置，使各叶片能精确地在同一平面旋转。目前已开发出一种叶片的轨迹控制器，它使用一个小的双管形状记忆合金驱动器控制叶片边缘轨迹上的小翼片的位置，使其震动降到最低。

生物医疗

我国戴尅戎院士在国际上首先将形状记忆合金用于医学领域，发明了多种用于人体的形状记忆制品，推动了形状记忆合金在世界各地的医学应用。他研发的骨粒骨水泥，植入骨腔后新骨可长入骨水泥而兼具机械和生物学固定作用，已用于人工关节固定和肿瘤切除后的骨缺损修复。

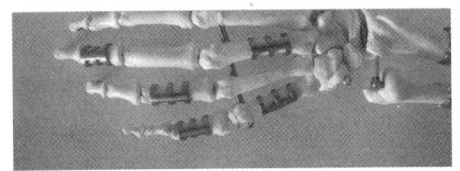

图5　记忆金属医疗应用

用于医学领域的 Ti–Ni 形状记忆合金，除了需利用其形状记忆效应或超弹性外，还应满足化学和生物学等方面的要求，即良好的生物相容性。Ti–Ni 可与生物体形成稳定的钝化膜。在医学上，Ti–Ni 合金的主要应用有牙齿矫形丝以及脊柱侧弯矫形。另外，外科中用 Ti–Ni 形状记忆合金制作各种骨连接器、血管夹、凝血滤器以及血管扩张元件等。形状记忆合金同时还广泛应用于口腔科、骨科、心血管科、胸外科、肝胆科、泌尿科、妇科等，随着进一步发展，其医学应用将会更加广泛。

汽车工业

在汽车工业中，记忆金属也有广泛的用途。一般情况下，用记忆合金制成的把手处于折叠状态，在上下车时，通过按下车门按钮、打开车门来施加电压，由此使把手打开，从而实现轻松的抓扶。

另外，还可以在格栅片上使用形状记忆合金。在热机时打开格栅片，就可缩短热机时间；而在行驶时关闭格栅片，则可减小进入发动机室的空气流量，从而减小空气阻力。与把手一样，格栅片也是利用形状记忆合金的变形来实现旋转的。

汽车在高速行驶时，气坝常用来调整车辆下部及车轮周围产生的空气乱流，从而起到提高燃效的效果。不过，在低速行驶时，下侧突出的气坝挡板容易碰到路面突起及冰雪等物体，时常会受到损伤。在气坝装置中使用形状记忆合金后，可以根据行驶速度等提高气坝挡板，从而有效避免损伤。

日常生活

防烫伤阀：在家庭生活中，用记忆合金做成记忆阀来防止洗涤槽中、浴盆和浴室的热水意外烫伤。这类记忆阀门与水龙头合理设计为一体，如果水龙头流出的水温达到可能烫伤人的温度（大约48℃）时，形状记忆合金驱动阀门关闭，直到水温降到安全温度，阀门才重新打开。

眼镜框架：Ti-Ni合金所具有的柔韧性使它们广泛用于眼镜制造。在眼镜框架的鼻梁和耳部装配Ti-Ni合金，可使人感到舒适，并抗磨损。用超弹性Ti-Ni合金丝做眼镜框架，即使镜片热膨胀，形状记忆合金丝也能靠超弹性的恒定力夹牢镜片。

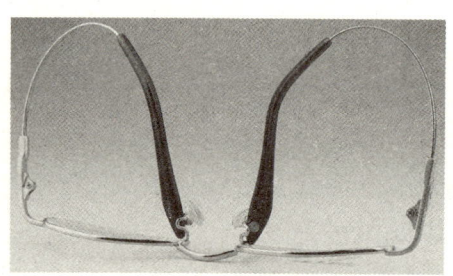

图6 眼镜记忆合金

移动电话天线：使用超弹性Ti-Ni金属丝制作蜂窝状电话天线是形状记忆合金的另一个应用。过去使用的不锈钢天线，由于容易弯曲常常出现损坏问题。而使用Ti-Ni形状记忆合金丝制作的移动电话天线具有高抗破坏性，受到人们普遍欢迎。

火灾检查阀门：使用记忆合金制作火灾检查阀门。火灾中，当局部地方升温时，阀门会自动关闭，防止危险气体进入。这种特殊结构设计的优点在于：具有检查阀门的操作，可以复位到安全状态。

建筑领域

利用形状记忆合金的伪弹性性能和动阻尼特性，将其用于被动控制结构，起到抗震的作用。另外，在工程和建筑领域，还用Ti-Ni形状记忆合金作为隔音材料。

随着薄膜形状记忆合金材料的出现和开发利用，形状记忆合金在智能材料系统中受到高度重视，应用前景更为广阔。

【参考文献】

1. ［美］菲利普（Phillips. J. S.）等《化学：概念与应用》，浙江教育出版社2008年。

2. 李永梅《浅谈记忆金属》，《同煤科技》2008年第3期。

3. 尚彦凌《NiTi形状记忆合金的加工方法》，《金属成形工艺》2000年第3期。

十二 花儿为什么这样红？

英国著名物理学家、化学家波义耳平素非常喜爱鲜花，他经常在自己房间里摆上几个花瓶，让园丁每天送些鲜花来观赏。一天，园丁送来了几束紫罗兰，正准备去实验室的波义耳立即被那艳丽的花色和扑鼻的芳香吸引住了。他随手拿起一束紫罗兰，边欣赏边向实验室走去。

进了实验室后，他把紫罗兰往桌上一放，就开始了他的化学实验。他向烧瓶中倾倒盐酸时，一不小心将酸液溅出了少许，而这酸液又恰巧滴到了紫罗兰的花瓣上。爱惜鲜花的波义耳立即将紫罗兰拿到水中去冲洗，谁知这下却发生了一个意想不到的现象：紫罗兰转眼间变成了"红罗兰"。

这个惊奇的发现立即触动了波义耳敏锐的神经："盐酸能使紫罗兰变红，其他的酸能不能使它变红呢？"当即，他就和助手分别用不同的酸液试验起来。实验结果是：酸的溶液都可使紫罗兰变成红色。为什么酸能使紫罗兰变成红色呢？

图1 美丽的紫罗兰

化学探秘

变色的秘密

实际上，许多植物花瓣的浸出液遇到酸性或碱性溶液都会呈现出不同的颜色。波义耳为了获得丰富、准确的第一手资料，还采集了牵牛花、苔藓、五倍子、月季花、树皮和各种植物的根，泡出了多种不同颜色的浸液。有些浸液遇酸变色，有些浸液遇碱变色。有趣的是，他从一种地衣中提取的紫色浸液，遇酸变红色，遇碱变蓝色，这就是最早的石蕊试液，波义耳把它称作指示剂。为了使用方便，波义耳用一些浸液把纸浸透，烘干后制成纸片，使用时只要将小纸片浸入被检测的溶液中，纸片上就会发生颜色变化，从而显示出溶液是酸性还是碱性。今天，我们使用的石蕊试纸、酚酞试纸和pH试纸，就是根据波义耳的发现研制而成的。

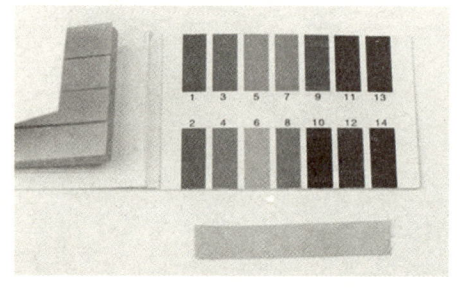

图2　pH试纸

酸碱指示剂一般是有机弱酸或有机弱碱。它们的变色原理是：其分子和电离出来的离子的结构不同，导致分子和离子的颜色不同。在不同pH的溶液里，由于其分子浓度和离子浓度的比值不同，因此显示出来的颜色也不同。例如，石蕊是一种有机弱酸。如果用HIn代表石蕊分子，HIn在水中能发生下列电离：

$$HIn \rightleftharpoons H^+ + In^-$$
红色（酸色）　　蓝色（碱色）

如果在酸性溶液中，由于$c(H^+)$增大，根据平衡移动原理可知，平衡将向逆反应方向移动，使$c(HIn)$增大，因此主要呈现红色（酸色）。如果在碱性溶液中，由于$c(OH^-)$增大，OH^-与HIn电离生成的H^+结合生成更难电离的H_2O：

$$HIn \rightleftharpoons H^+ + In^-$$
$$+$$
$$OH^-$$
$$\updownarrow$$
$$H_2O$$

这使得石蕊的电离平衡向正反应方向移动，于是$c(In^-)$增大，因此主要呈现蓝色（碱色）。如果$c(HIn)$和$c(In^-)$相等，则呈现紫色。

现在，人们为了更方便地表示溶液的酸碱性，利用氢离子浓度的负对数值算出pH。pH是化学中的一个基本概念，用来度量水溶液中氢离子的浓度的大小。常温下，pH为7表明水溶液呈中性，大于7表明水溶液呈碱性，小于7表明水溶液呈酸性。简单测定溶液的pH可以用pH试纸，如果做精细准确的测量可以用pH计。

其实，pH的来源也有一段小故事。1909年的一天，丹麦哥本哈根某啤酒厂早已下班，只有啤酒厂的工程师索伦森仍在苦苦思索着。他在工作中，经常化验啤酒中所含氢离子浓度，每次化验结果都要记载许许多多个零，这不但很麻烦，也容易出错。夜深人静，索伦森觉得饿了，想去找点吃的。他一起身，把一本对数表碰落在地上。当"对数"这个词映入他的眼帘时，他豁然开朗。索伦森决定用氢离子浓度的负对数值来表示氢离子浓度。由于"氢离子浓度的负对数值"的英文是 Potential Hydrogen ion concentration，取前两个字的首字母 pH 来代表，这就是 pH 符号的由来。就这样，索伦森发明了应用至今的 pH 标度。

指示剂的颜色变化都是在一定的 pH 范围内发生的，我们把指示剂发生颜色变化的 pH 范围叫作指示剂的变色范围。各种指示剂的变色范围是由实验测得的。表 1 列出了一些常用酸碱指示剂的变色范围。

表 1　一些常用酸碱指示剂的变色范围

指示剂	pH 变色范围	酸色	碱色
甲基橙	3.1 $\xrightarrow{橙色}$ 4.4	红色（pH<3.1）	黄色（pH>4.4）
甲基红	4.4 $\xrightarrow{橙色}$ 6.2	红色（pH<4.4）	黄色（pH>6.2）
石　蕊	5.0 $\xrightarrow{紫色}$ 8.0	红色（pH<5.0）	蓝色（pH>8.0）
酚　酞	8.2 $\xrightarrow{粉红色}$ 10.0	无色（pH<8.2）	红色（pH>10.0）

事实上，我们生活中很多物质都可以作为酸碱指示剂使用。图 3 中列出了生活中常见物质的酸碱变色情况。据此，我们完全可以自制酸碱指示剂哦！

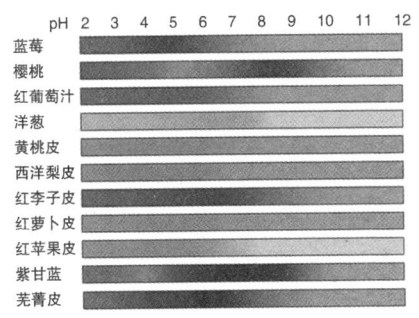

图 3　生活中的酸碱指示剂

酸和碱的真面目

究竟什么是酸？什么是碱？这在化学上已经探讨了三百多年。今天，化学的酸碱概念仍在继续发展。

酸、碱的早期概念都是相当含混的。比如，最初认为，酸是能使石蕊变红的物质；碱是能使石蕊变蓝的物质；或者，酸有酸味、碱有涩味等。其实，这只是描述了酸、碱的某些特征。法国科学家拉瓦锡认为，酸是由于含有氧才具有酸性的。但是，英国化学家戴维指出盐酸并不含氧，却有明显的酸性。据此，戴维提出氢是"酸素"。但这一观点又不能解释为什么 H_2、NaOH、CH_4 不呈现酸性。德国化学家尤斯图斯·冯·李比希根据实验事实修正了戴维的提法，认为酸是含有可被金属置换的氢的物质，如 $H_2SO_4 + Zn =\!=\!= ZnSO_4 + H_2\uparrow$。但后来也遇到了困难，如 $2Na + 2H_2O =\!=\!= 2NaOH + H_2\uparrow$，而 H_2O 并不是酸。究竟什么是酸、什么是碱的问题就这样探讨了 100 多年，没有获得满意的结论。

1887 年，瑞典化学家斯凡特·奥古斯特·阿伦尼乌斯首次提出酸碱的电离理论。他认为：许多物质（电解质）在水中分解成的带电部分，叫作离子；酸是在水溶液中电离产生 H^+ 离子的物质；碱是在水溶液中电离产生 OH^- 离子的物质；产生 H^+ 离子是酸的特征；产生 OH^- 离子是碱的特征；酸和碱的中和作用就是 H^+ 离子和 OH^- 离子化合而生成水（H_2O）的过程，酸碱特性随着水的生成而消失。水——电离理论似乎可以完美地阐释酸和碱的概念。

1905 年，英国化学家富兰克林研究发现，水和液体氨具有一定的相似性，从而对电离理论提出了挑战，提出了酸、碱的溶剂理论。他认为：在某溶剂的溶液中，凡能解离产生该溶剂阳离子的物质为酸；凡能解离产生该溶剂阴离子的物质为碱。例如，氢卤酸在水中及液体氨中均发生电离，生成下列离子：

$$HX + H_2O \longrightarrow H\!-\!\underset{\underset{H}{|}}{O^+}\!-\!H + X^-$$

$$HX + NH_3 \longrightarrow H\!-\!N^+H_3 + X^-$$

为了克服离子论和溶剂论的局限性，1923 年，英格兰的劳莱和丹麦的布朗斯特提出了新的酸、碱理论——质子理论。质子理论认为：凡是能够释放质子（氢离子）的任何物质都是酸；凡是能与质子（氢离子）结合的任何物质都是碱。例如：

$$HAc \rightleftharpoons Ac^- + H^+$$

$$NH_4^+ \rightleftharpoons NH_3 + H^+$$

$$H_2PO_4^- \rightleftharpoons HPO_4^{2-} + H^+$$

图 4　斯凡特·奥古斯特·阿伦尼乌斯

相关链接

斯凡特·奥古斯特·阿伦尼乌斯（1859—1927），瑞典物理化学家，电离理论的创立者。他解释了溶液中的元素是如何被电解分离的现象，研究过温度对化学反应速度的影响，得出著名的阿伦尼乌斯公式，还提出了等氢离子现象理论、分子活化理论和盐的水解理论，对宇宙化学、天体物理学和生物化学等也有研究。由于在物理化学方面的杰出贡献，1903年被授予诺贝尔化学奖。

上述 3 个例子中的 HAc、NH_4^+、$H_2PO_4^-$ 都能释放出质子，所以它们都是酸。当酸释放出质子后，剩余部分能够接受质子，就是碱，如这里的 Ac^-、NH_3、HPO_4^{2-} 都是碱。

在质子理论提出的同年，美国化学家吉尔伯特·路易斯不受电离学说的束缚，结合酸、碱的电子结构，从电子对的配给和接受出发，提出酸碱的电子理论。路易斯认为，基本的酸碱反应就是酸与碱之间共享电子对，生成配位共价键的过程。其中，碱是电子对的给予体，酸是电子对的接受体。这个过程我们通常叫作中和反应的过程，也可以说是酸碱配合作用的过程，产物是酸碱配合物（或叫作酸碱络合物或酸碱加合物）。若以 A 代表酸，B 代表碱，则酸碱反应可以表示为：

A + :B ⟶ A:B（或 A ⟶ B）

酸　碱　　酸碱络合物

1963 年，美国化学家皮尔逊用路易斯电子论的观点把路易斯酸、碱分成软、硬两大类。称"软、硬"的原因，是因为"软""硬"两字比较形象地形容了酸碱抓电子的松紧，而电子被抓得松紧，是酸碱受授电子难易的关键。而且，酸碱抓电子松紧的这种性质有不同的程度，故有软度和硬度的不同。"硬酸"的特性是：受电子原子体积小，正电荷高，极化性低，也就是外层电子抓得较紧，故称为"硬的（hard）酸"，简称"硬酸"，如 Be^{2+}、Mg^{2+}、Ca^{2+}、Al^{3+}、H_3O^+、BF_3、$AlCl_3$ 等。"软酸"的特性是：受电子原子体积大，正电荷低或等于零，极化性高，也就是外层电子抓得松，故称为"软的（soft）酸"，简称"软酸"，如 Hg^{2+}、Ag^+、I_2、Br_2 等。

任何一门科学一定要在实践的基础上向前发展，酸、碱理论也是一样。酸、碱概念自问世以来几百年的历史证明，随着生产实践和科学技术的发展，人们对酸、碱的认识由现象到本质，一步一步地深化。一边由特殊到一般，一边由一般到特殊，人类的认识总是这样循环往复地进行的，而每一次的循环都可能使人类的认识提高一步，使人类的认识不断深化。

神秘失踪的化肥

炎炎夏日，有一个商人批发了一批化肥。当售完化肥核对数量时，他发现有几百斤化肥神秘失踪了！是被人偷走了，还是另有他因？

图 5　吉尔伯特·路易斯

这种化肥是一种氮素化肥,叫碳酸氢铵。碳酸氢铵简称碳铵,是目前施用较普遍的肥料之一。碳酸氢铵为白色细粒,结晶体,有强烈的氨臭味,易溶于水,肥效迅速,它的水溶液呈碱性。干燥的碳酸氢铵在20 ℃以下基本稳定,若一旦超过30 ℃,就会分解,生成气体逃到空气中。所以,运输和贮存都要包装严密,保持低温干燥。商人的化肥就是由于夏天气温太高,加上空气潮湿,化肥蒸发到大气中,所以化肥少了。

碳酸氢铵不仅害怕高温,还害怕遇到碱性物质,因为碱性物质可以与碳酸氢铵中的铵根离子发生反应,产生更容易挥发的氨气,损失氮元素,从而降低肥效。同样的原理,铵态氮肥如硝酸铵、氯化铵、硫酸铵等,都不能与碱性物质混合施用。

根据其水溶液的酸碱性,可将肥料分为酸性肥料、碱性肥料、中性肥料。农业生产中,有的肥料是酸性的,如过磷酸钙、磷酸二氢钾等;有的肥料是碱性的,如草木灰、碳酸氢铵等;而尿素、氯化钾等则是中性肥料。酸性肥料与碱性肥料是不能混合使用的,一旦混用将大大降低肥效。

利用酸与碱反应的原理,可以改变土壤的酸碱性。在土壤里,有机物在分解的过程中会生成有机酸,矿物的风化也可能产生酸性物质,空气污染造成酸雨,也会导致一些地方的土壤呈酸性,这些都不利于作物的生长。施用适量的碱,能中和土壤里的酸性物质,使土壤适合作物生长,并促进微生物的繁殖。土壤中的钙离子增加后,能促使土壤胶体凝结,有利于形成团粒,同时又可供给植物生长所需的钙元素。

化学长廊

你的身体酸不酸?

如果有亲朋好友问你:"你酸吗?"你可别以为是在开玩笑说你"肉麻",也许他是在问你:"你的身体是不是酸碱失衡了?"在现代社会,身体内的酸碱失衡已经成为导致现代疾病的一个重要原因。

健康人的血液是弱碱性(微弱到近乎中性)的,pH维持在7.35~7.45之间,仅相差0.1个单位,因为这一pH范围最适于细胞代谢及整个机体的生存,当pH小于7.3或大于7.5时均会出现酸中毒或碱中毒现象。

酸中毒是血液中酸性元素过剩,使血液酸性化,血液就会色泽加深、黏度增大,甚至发黑而且混浊。酸性化血液中儿茶酚胺含量增高,使交感神经兴奋性增高,人会变得过于敏感,引起焦躁、慢性疲劳、便秘、皮肤粗糙、手足发凉、易感冒、伤口不宜愈合、对疾病抵抗力降低等。久而久之，影响大脑和神经功能，引起记忆力减退、思维能力下降，甚至造成神经衰弱，还会出现缺钙现象。儿童血液酸中毒容易导致发育不良、食欲不振、佝偻病、皮肤病、胃酸过多、龋齿、便秘等；中老年人血液酸中毒容易导致神经痛、血压增高、动脉硬化、脑溢血、胃溃疡等。酸性体质会使细胞的新陈代谢减弱、身体的抵抗力降低而易发生各种疾病，使皮肤变得粗糙、多皱纹、色素沉淀甚至脸色变得青黑。据统计，人类的疾病70%发生于酸性体质。

碱中毒则是血液中碱性元素过剩，血液酸碱度偏离正常值而影响健康，一般是由于单一摄入蔬菜水果等植物性食物而导致的。动物性食物是优质蛋白质、脂溶性维生素和非金属无机元素的良好来源，不摄入动物脂肪，将使人体对脂溶性维生素（如维生素A、P、E）的摄取大受影响，亦会导致营养不足，甚至使细胞脆性增加，则血管壁也会因脆弱而易于破裂，特别是大脑内小血管出血，造成脑卒中。

大部分人对食物酸碱性的认识十分模糊，以为有酸味的东西就是酸性食物。其实，食物的酸碱性不是用简单的味觉来判定的，而是由食物经人体消化、吸收、代谢后的产物所决定的。一般来说，食物的酸碱性取决于食物中所含矿物质的种类和含量多少的比率：钾、钠、钙、镁、铁进入人体之后最终呈现碱性；磷、氯、硫进入人体之后则呈现酸性。也可以简单参考食物中的钙、磷的含量来判断，钙质多的就是碱性食物，磷质多的就是酸性食物。表2列出了各类食物的酸碱性，你可以参考以便合理搭配饮食哦。

表2 食物酸碱性一览表

食品分类	举例
强酸性食品	蛋黄、乳酪、甜点、白糖、金枪鱼、比目鱼、鱼子、牡蛎
中酸性食品	火腿、培根、鸡肉、猪肉、鳗鱼、牛肉、面包、小麦、面条
弱酸性食品	白米、花生、啤酒、海苔、章鱼、巧克力、空心粉、葱
强碱性食品	葡萄、茶叶、葡萄酒、海带、柑橘类、柿子、黄瓜、胡萝卜、西瓜、板栗
中碱性食品	大豆、番茄、香蕉、草莓、蛋白、梅干、柠檬、菠菜、白菜、卷心菜、生菜、竹笋、山楂、西红柿、醋
弱碱性食品	红豆、苹果、甘蓝菜、豆腐、卷心菜、油菜、梨、马铃薯、豌豆、绿豆、油菜、芹菜、番薯、莲藕、洋葱、茄子、南瓜、蘑菇、萝卜、牛奶

探索乐园

制作叶脉书签

下面介绍一种自制叶脉书签的方法：

1. 选择叶片。树叶宜选用白杨树、桂花树、玉兰树等质地较柔韧的叶，选择叶脉粗壮而密的树叶。在叶片充分成熟并开始老化的夏末或秋季选叶制作。

2. 用10%的氢氧化钠溶液煮叶片。在不锈钢锅或铁锅内，将配好的碱液煮沸后，放入洗净的叶子适量，煮沸，这时常用玻璃棒或镊子轻轻翻动，防止叶片叠压，使其均匀受热。使用氢氧化钠时应极其注意安全，不可用手拿。（应开窗通风，因为煮叶片时有臭味）

3. 煮沸5分钟左右，待叶子变黑后，捞取一片叶子，放入盛有清水的塑料盆中。小心翼翼地用清水洗净。（注意：在该操作中取放叶子时一定不要用手直接取放，防止氢氧化钠腐蚀手面，应用镊子或夹子取放）

4. 当叶片上残留的碱液漂洗干净后，取出叶片并平铺在一块玻璃上，用小试管刷或毛质柔软的旧牙刷轻轻顺着叶脉的方向刷掉叶片两面已烂的叶肉，一边刷一边用小流量的自来水冲洗，直到只留下叶脉。在洗刷时必须极仔细小心，切忌急于求成，否则叶脉易刷坏。

5. 将叶脉放入双氧水中浸泡24小时，以达到漂白效果。

6. 刷净的叶脉片，漂洗后放在玻璃片上晾干。当晾到半干半湿状时涂上所需的各种染料，然后夹在旧书或旧报纸中，吸干水分后取出，再在叶柄上系一根彩色丝绸带，这样便制得一片叶脉清晰、色质艳丽、美观实用的叶脉书签。

图6　漂亮的叶脉书签

【参考文献】

1. 许家胜、张杰、钱建华《酸碱理论的发展》，《化学世界》2010年第6期。

2. 蒋玉双《包罗万物的pH值》，《知识就是力量》2001年第12期。